U0111459

大展好書　好書大展
品嘗好書　冠群可期

大展好書　好書大展
品嘗好書　冠群可期

武學釋典
27

蘇峰珍 著

拳理說與識者聽

大展出版社有限公司

序 言

　　內家拳所有的經論，雖然不是很深澀，但這些經論，都是祖師們修成正果後的金言、簡語。看之，只知其然，而不知其所以然。也就是說，這個功夫，要怎麼練，才會有那個效果，經論裡面是不會細說的。

　　譬如，行功心解說：「往復須有摺疊」，但是摺疊是甚麼意思，是沒有明說的，還有為什麼往復需要有摺疊？摺疊的效用為何？摺疊的體與用要如何練？如何用？都沒有細訴的，因為經論都是簡言的，不會長篇大論，所以要體會它的深意，是不太容易的。

　　對初學者而言，是不容易理解的；而且有些語體是採倒裝句，更容易讓人會錯意，許多名師也不明其理，因之而誤導學人，無意中造成過失而不自知，無形中阻卻了內家拳的推展而自洋洋。

　　本書每一篇論述，都是筆者修學內家拳的心得，寫出來與大家共同分享。有一部分，是因某些名師的錯說，而引經據點，加以比對導正，使讀者能予以分曉辨別，知所簡擇，而不落入名師之誤導語論之中，影響習拳的路程。

　　練拳，尤其是練內家拳，一定要讀經看論，先明

拳理，透過老師的教導，及自己的務實修煉，再與這些經論互為印證，這樣才能事半功倍，得到練拳的效果。所以，拳經、拳論、行功心解、十三勢歌等都是必讀的，而且要深入的去讀，去體會、思維。

讀經論不能走馬看花，瀏覽而過，看後要去思辨、整理，明白了拳意，再練；練後再看，反覆的練，反覆的看，有一天終能融會貫通。如果只是看過就把它束之高閣，等於沒看，不會獲益的。

筆者已出版的書有四本，連這本就五本了，很多人很捧場，我的書全買了，可是其中有些讀者或我的學生，都犯了走馬看花，瀏覽略過的毛病，在他們的提問當中，許多的疑問，在我的書中都可找到答案，只是都因為沒有詳細去閱讀罷了。

有些理論，是得透過自己的實練後，才能知道是怎麼一回事，或者必須自己修煉到一個層面水準後，才能看得懂的。等有一天，你練到那個層次水準，你才會拍案點頭，明白原來是這麼一回事。沒有練到那個層次水準，你讀經看論，或讀我的書，只能成為一項知識而已，對於實際的功夫助益不大，所以，看過經論，看過我的書，還得要老實練拳，才會得到練拳的真正效果。

聽人家說蘋果是甚麼顏色，甚麼形狀，甚麼滋味，都只是一項知識而已，等那麼一天，你看到、吃到蘋果，終於了然於心。跟我學拳，我不只教你知道蘋果的顏色、形狀、滋味，還會拿一顆真的實物蘋果

讓你瞧、讓你吃，讓你即刻開悟。

我會運用各種「感覺教學法」，讓你用身體去感覺，你感覺到了，學起來就快了些。我走過的路，把路徑明白的告訴你，不會讓你走冤枉的路。

所以，買了我的書，要反覆的看，也可以拿來與所有的經論作比對，檢查有無契符或訛錯，這樣才是智者的讀書方式。如果只是走馬看花一番，則枉費你的金錢，也枉費我辛勤的寫作。

在序言最後，我要感謝大展出版社有限公司對我的抬愛，能肯定我的著作，我已出版的書，其中《太極拳行功心解詳解》已進軍大陸市場，首刷五千本，已為台灣武術文化在中國大陸取得一席之地。

大展出版社有限公司為發展台灣武術，讓台灣與大陸在武術文化創作上，能取得一定比例的平衡，計畫對台灣的武術專家、先輩能多有著墨，更期待能轉而感染大陸市場，以發展台灣自己的武術文化。

大展出版社有限公司希望能借重台灣武術賢輩的專業、經驗、功力，以及優秀的成績，能在台灣與大陸市場創出一片天，營建某些局面與地位，並且使台灣武術文化在世界各地放出異彩，此舉乃出版界之盛事。

大展出版社有限公司為台灣武術文化創作的發展，是不遺餘力的，是功不可沒的。

值於本書出版之際，聊表數語，以為序。

最後以詩結序，詩曰：

拳理說與識者聽，
十萬餘字為誰訴；
伯樂若逢千里駒，
不枉夜半狂疾書。

目　錄

第一章

斷臂與鬆

某師在他的著作裏說：「一夕忽夢覺兩臂已斷，醒驚試之，恍然悟得鬆境。其兩臂所繫之筋絡，正猶玩具之洋娃娃，手臂關節賴一鬆緊帶之維繫，得以轉捩如意；然其兩臂若不覺已斷，惡得知其鬆也。次日與優於余者較，相顧大為驚異，再三詢問，始知已鬆，其進境不啻有一日千里之感。」

大師在某一個夜晚，忽然做夢感覺自己的兩隻手臂已經斷掉，醒驚之後試了一試，恍然大悟，就這樣悟得了鬆的境地。隔天，和比他功夫好的人較技，大家都非常驚奇，再三的追問，才知道已經真正的鬆了，從此功夫的進步神速，有一日千里之感。

這是大師自己對太極拳鬆的悟境，他覺得，兩臂所維繫的筋絡，就像洋娃娃的手臂關節，依賴一條鬆緊帶的維繫，才可以轉折自如。如果沒有感覺兩臂已經斷掉，就無法得知這個鬆是什麼樣的情況。

每個人對鬆的感覺及悟境，或許都不會相同，大師的斷臂之說，獨具一格。

兩臂是由骨骼、肌肉、皮膚及筋絡等等組織構成的，如果兩臂已斷，就是骨骼、肌肉、皮膚及筋絡等等都與身

體脫離而不起作用了，所以，兩臂已斷只是一種自我的感覺，只是一種夢幻境界。有人因此而悟到鬆的境界，純屬個人的思維模擬修煉方式。

學練太極拳，各家都是講求鬆的，在太極拳行功心解裡講：「發勁須沉著鬆淨」，十三勢歌云：「腹內鬆淨氣騰然」，都有說到鬆字。發勁的時候，須沉著鬆淨，是指丹田氣而言，丹田氣不只要鬆淨，還要沉著，所以，鬆淨的目的，是要令丹田氣沉著的，不是為了使兩臂斷掉，或某一部分斷掉。也唯有腹內丹田的氣能鬆淨了，氣才能起到騰然的作用。由是綜觀，鬆的最終目的，在於令氣沉著，在於令氣騰然，而收斂入骨，成就內勁，使在發勁時起到最大化的爆破能量。

兩臂的轉折，靠著關節筋絡的維繫而活動。練拳時，兩臂的筋骨須是伸展開拓的，是需要伸筋拔骨的，使氣貫注於筋膜骨骼之內，所以，筋由於富有彈性轉折的功能，它是要拔提骨肉而行的，也就是說，筋要帶動著骨肉而行的，當氣因鬆而沉的時候，肌肉雖由筋提捧著，但受地心引力的影響而呈現下墜的感覺，由此而感覺沉的氛圍。

鬆是沉的因，沉是鬆的果。真正的鬆，不是懈怠，不是放任，不是斷離，不是脫落，不是逃逸，不是虛幻空無；鬆只是放棄蠻力，捨棄拙氣，所以，在行拳走架的時候，不可為了表現鬆，而使手臂垂下，彷彿一個渾沌昏厥之人，了無意識生機。

無論練站樁或走拳架，手臂須是提捧的，筋要把手臂提捧著，並且儘量的伸拔筋骨，令氣挹注於內，儲備能量

而成就手的掤勁及沉勁，所以我們練站樁或走架，手臂都必須提捧的，不宜為了鬆而令手臂垂斷頹靡下來。

但是不可為了伸筋拔骨，使手臂僵硬筆直著，好像殭屍走路一般，要似直非直，似鬆非鬆，聽起來似乎有些矛盾，然而這就是中道原則，也是太極原理，有虛有實，有陰有陽，有柔有剛，要如何拿捏得恰到好處，除了自己努力認真實踐，還有明師的口傳心授，加上智慧的領悟。

筋的提捧，要像一條無形的看不到的絲線，吊著你的手臂，使你的手臂不會因為鬆的原故而垂下斷落。這條絲線是富有彈性的，就如洋娃娃手臂關節的鬆緊帶，維繫著手臂的婉轉伸縮而不斷離。

佛家禪宗的開悟明心，禪師會使出各種機鋒，讓徒弟們去悟，每個徒弟悟入的方法各異，有的被棒喝就開悟了，有的被竹杖推落水中也開悟了，每個人的悟緣各有不同。

大師的夢斷手臂，而悟到鬆的道理，這是他的悟緣，學者不宜因大師這樣的悟，而誤認「斷臂」是鬆的條件，把斷臂拿來做為鬆的追求的目標，有樣學樣，也想來個夢斷手臂，直往斷臂的窠臼鑽入去，跳脫不出，這樣就會陷入死胡同之中，永遠悟不到鬆的真正境界。

也不要誤以為「夢斷手臂」後，功夫即可一日千里，人家大師在未「夢斷手臂」之前，已經下過甚多的時間去修煉了，此間的進步神速，係往昔已經累積了甚多的功力，今日忽因「夢斷手臂」之緣而悟到鬆的道理，並不是平白而得的。

第二章

發勁有這麼難嗎？

學功夫練武術，大約有兩個目標，一是健身，一是防身。健身的方法很多，並不侷限於練武術，所以，會選擇練武術者，大部分皆以自衛防身為目的。

現今的太極拳已然成為健身的運動，然而，選擇太極拳做為自衛防身者，為數仍然不少，但是，學練太極拳而能成就內勁及發勁功夫的人並不是很多，拙作《內家拳武術探微》第136章：「為什麼不會發勁？」一文中，已有略述。

有拳友在臉書轉貼分享了一篇文章，題目是「（○○○師）發勁有這麼難嗎？」

文中說到：「想學會發勁，一定要先堅定學習發勁的決心，要清楚大聲地告訴自己和自己的師父說：『我一定要先學會發勁』。找一個師父，叫他用『發勁標準示範動作』把你打出丈外，體驗一下是不是真的是虛無輕靈的發勁；如果他只是用蠻力將你推出，你就找個理由走人。如果他真的能用虛無輕靈的內勁把你發出丈外，你別急著交學費，求他先教你發勁。如果他肯直接教你發勁，或者要求你和拳架同時學習，你遇到好師父了，趕快交錢，他不收你也要交。如果他說發勁要拳架學會之後再教，或者說

些二十年、三十年才能學成的話，即使免費，你也趕快找個理由走人。」

　　這篇文章是○○○老師寫的，此師說，「想學會發勁，一定要先堅定學習發勁的決心。」這樣的下定決心是好的，也能為未來的目標立定一個方向，但是如果認為「我一定要先學會發勁」，這個觀念是值得討論的，因為發勁是有很多先決條件的，要某些功體必須先有成就之後，才能學習發勁的。

　　「發勁」一詞，顧名思義，必須先成就內勁，才有發勁的說法，若自身的內勁尚未成就，跟著名師練一些把人推出丈外的方法，恐怕仍屬於太極拳論所說的「斯技」範疇，此皆先天自然之能，非關學力而有為也。也就是說，得先成就內在的功體，才有發勁的作為，有體才有用，要體用兼練才是正確的，如果體還未成就，就要練用法，似乎有些本末倒置。○○○師說：「找一個師父，叫他用『發勁標準示範動作』把你打出丈外，體驗一下是不是真的是虛無輕靈的發勁；如果他只是用蠻力將你推出，你就找個理由走人。」，如果沒有成就內勁做為基礎，那麼，把你打出丈外，似乎正是屬於蠻力的範疇，不可能會有虛無輕靈的內勁。

　　○○○師說：「有些基本功是發勁所必須的，在學習中，還要體會明師教的東西是不是真的以『發勁』為目的，不可盲目學習，也絕不可盲目懷疑；譬如他可能會要求你練習些放鬆的功法，或者作些雙腳換勁的訓練，或者某些發勁意念的訓練，這些都是以『發勁』為目的的基本

功法，是發勁所必須的，不可懷疑或偷懶，一定要認真學習，以免明師真的發火了，再也不教你了。」

基本功是發勁所必須的，這當然不錯，但更重要基本功體的內涵，例如，丹田氣圓實飽滿的培養、樁功的穩固、手的掤勁以及如何打樁等等，都是發勁時不可或缺的條件。○○○師所言，乍看似乎成理，然而實際上，對一個初學者而言，他可能對太極拳沒有很深的概念，你教他不可盲目學習，也絕不可盲目懷疑，這種模稜兩可的說法，他是抓拿不到，也無所適從的，哪些是不可盲目學習的？哪些是不可盲目懷疑的？哪些基本功是發勁所必須的？哪些東西是不是真的以『發勁』為目的的基本功法？他是無法分辨的，若是當○○○師遇上這樣的學生，不知是否也會發火，再也不教他了？

○○○師說：「一年半載沒學成就要注意，如果你認真學了一年半載之後，發現你和一起學的師兄弟，個個連基本的『發勁標準示範動作』都不會，一定要和師兄弟約好，剩下的學費就不要了，大家趁早走人，另投明師。如果只有你一個人或少數人學不成，那就要多研究自己的毛病在那裡，逐一加以改正，相信在明師指導之下很快就能學成。『發勁標準示範動作』是發勁的初步，也是太極拳的基礎，學會之後就可以逐步往更高的推手技巧『控制敵人』去努力。」

發勁的養成，並非靠學習基本的「發勁標準示範動作」而能成辦，也不是一年半載而能成就，縱有明師指導，也非一年半載而可成功。如果，發勁有標準示範動

作，則大部分人皆可循這個標準示範動作而入門，個個都將成為太極高手？

　　○○○師說：「有人說，要先學會拳架才能學發勁。這是錯誤的，不先學會發勁，拳架裡全是一些不能發勁的濫招式，再磨一百年也沒用。有些弟子被師父改拳架，一改好幾十年，這樣也不對，那樣也不好，改到最後徒弟惡言相向，師父翻臉無情；師父死了，師兄師弟間又爭著比誰的拳架像師父，爭到反目成仇。為什麼，因為不以『能發勁』做為拳架的標準，只顧著手多高、腳多高、屁股多翹、拳味多少，當然一輩子吵不完。前幾年師父又年輕又高，總嫌你的手太低；近幾年師父年老變矮，又覺得你手太高。這種師父不管拳架能不能發勁，光在拳架外形上胡搞瞎搞，難怪要師徒反目，同門成仇了。」

　　○○○師認為拳架裡全是一些不能發勁的濫招式，再磨一百年也沒用，此語並非完全正確，如果拳架裡全是一些不能發勁的濫招式，那麼誰還會去練拳架呢？拳架與某些基本功都是同等重要的，如果捨拳架而求速成的「發勁標準示範動作」，想成就發勁功夫，謂之捨本逐末，謂之本末倒置。

　　改拳架，一改好幾十年，這樣當然不對，但不宜因而認定拳架裡全是一些不能發勁的濫招式，若是沒有這些拳架，太極拳就不能傳承到現在，如果只靠「發勁標準示範動作」就能成就發勁功夫，太極拳這個名詞也就沒有存在的價值，也沒有人會再去學習太極拳，太極拳將會從此而消失，就直接改為「發勁拳」好了，○○○師也能成為

「發勁拳」的祖師爺。

○○○師說：「不會發勁，拳架打到老死也沒用，發勁不難，得明師難；發勁不難，對不敢要的人才難；只要有明師，又敢要，發勁就很簡單。發人丈外，是太極拳的基礎，不是什麼高深的戰技；如果連發勁都不會，拳架打到老死也沒用，更別談要用來克敵致勝了。因此奉勸天下的內家武者，在一年半載之內，趕快學會『發勁標準示範動作』，奠定基本功力，才能學習內家更高深的戰技，達到『階級神明』的境界。」

這話似乎是有些語病的，拳架打到老死卻不會發勁，除了沒有遇到明師之外，就是自己努力不夠，或者是悟力不足等等，所以「不會發勁，拳架打到老死也沒用」之說是倒因為果的，應該說，拳架打到老死卻不會發勁，是有問題的，這才是正確的說法。其中的癥結所在，除了自己努力不夠、悟力不足等等因素外，就是老師的教法有問題，或者老師本身沒有實證功夫，沒有練出內勁，當然就教不出真正的功夫。

綜觀○○○師對於學習發勁的論述，有些是正確的，有些是不正確的，所以提出不同的見解，而令讀者作為一個比對，而能與太極拳經論及行功心解互為印證，整理出正確的道路，不會浪費寶貴的時間，虛度一場太極之旅。

太極拳論云：「由著熟而漸悟懂勁，由懂勁而階及神明，然非用力之久，不能豁然貫通焉。」從這裡我們可以知道，拳論所說的著熟，是涵蓋著拳架的，你要拳架著熟了，懂得如何運氣而成就了內勁，然後才能漸漸的領悟內

勁的運用方法，終於達到懂勁而階及神明的境地，然而這些功夫，非得花費很多時間去練、去悟，才有豁然貫通的一天。所以，修煉太極拳，是要一步一腳印，腳踏實地，要「用力之久」，努力用功很久才能成就功夫的。所以主張一年半載就能學會發勁的功夫，實為煮沙成飯，不可能之事，因為內勁的養成，本非一年半載而可成就的，至於較為深邃的發勁功夫就更遑論了。

　　所以，只透過「發勁標準示範動作」而想在一年半載之內，成就發勁功夫實在是不可能的，即使你在之間有兼練一些基本功或拳架，或某些系統所強調的密傳功法，都不可能在一年半載之內，成就發勁功夫，如果勉強練就了能把人推出丈外的技巧，也都還落在蠻力的範圍，不是真正成就了內勁所為的發勁功夫。

　　不要貶低拳架的功用，也不要落在拳架的框框，跳脫不出，被綁死在裡面。以前有一位師弟，離開老師去找另一位名師，練了七、八年了，還在改拳架，沒學得更上一層的功夫，這才是爛老師，只有爛老師教不出真功夫，沒有拳架裡全是一些不能發勁的濫招式，拳架裡所有的招式，都涵蓋著蓄勁與發勁的，只是爛老師沒把它教出來，這只能怪爛老師，不能怪拳架，更不能貶抑拳架為爛招式，如果貶抑太極拳架都是一些爛招式，那麼，○○○師所傳授的太極拳是否會成為自打嘴巴、拿磚塊扎自己的腳跟呢？

　　○○○師說：「發勁只是一種簡單的技巧，一般人只要稍加練習，一年半載就能發出大師們那種虛無空靈的內

勁，根本不需要花幾十年的精力去苦學才能成功。」

　　發勁如果只是一種技巧，那麼就沒有什麼功夫可言，如果只要稍加練習「發勁標準示範動作」而能在一年半載之內，成就發勁的真正功夫，我就輸你一塊錢。發勁是一種功夫，不是一種技巧，推手裡面才有技巧，它涵蓋了聽勁與化勁的虛實變化以及攻擊時機的掌握等等之技巧。所以，如果把發勁當成一種技巧來練，只怕你只是掌握了一些力學槓桿原理而已，沒有練就真正的因內勁的圓滿成就所展現出來的發勁功夫，也只有由內勁的圓滿成就所展現出來的發勁功夫，才有虛無空靈的意境，才是真正的發勁，餘者大抵多落在「斯技」的範疇。

　　發勁雖然不是很困難，但是也並不容易，一年半載實在是言過其實，但當你練到三、五年，或七、八年時，教你的老師仍然在改拳架上磨蹭，你才真的需要走人。

　　但是話說回來，當你在練了一年半載而功夫還未真正上手時，但感覺已有某些功體在逐漸增進累積，那你就不宜急著走人。如果急功貪利，想疾速成就太極功夫，認為與隨學的老師一起學，進步太慢，而匆促離開，在尋尋覓覓後，在一次一次的更換隨學老師後，當你繞了一個大圈子之後，才發現自己還是在原點踏步，功夫並無快速的增長，到頭來終究落了一個空字，悔之晚矣。

　　太極拳沒有速成班，想成就真正的太極功夫，還是老實練拳，不要被名師所籠罩，才是有智之人。

第三章

體鬆與腹鬆

　　體鬆，是指身體各部分，包括手腳及肢體等等。腹鬆，指的是丹田氣的鬆淨，是指丹田氣的不結滯、閉塞；腹鬆不是指腹部肌肉的鬆弛，腹鬆是在走架時、行功運氣時，丹田之氣的行運流通順暢，因為不是用拙力去使氣，不是用硬梆梆的腹肌去鼓氣、去運功，使腹部中的丹田氣，得到輕鬆的舒放，使氣得以沉落而集聚於丹田。

　　丹田是聚氣藏氣的處所，修煉太極拳、內家拳，都必須先修積飽滿圓實的丹田氣，而為日後的行功運氣所使用。丹田的聚集儲藏內氣，它的先決條件是氣沉丹田，而氣沉丹田的先決條件就是「腹鬆」。

　　太極拳十三勢歌云：「腹內鬆淨，氣騰然。」十三勢歌說，腹內的丹田氣鬆得乾乾淨淨了，鬆到透徹了，丹田氣就會騰然起來。也就是說，在行功走架時，如果能保持腹內丹田氣的鬆淨，即能使氣熱騰起來，這就是練精化氣，氣騰然後就凝固而聚斂於筋骨之內，使筋骨充滿了富有彈性的質量，這個質量就是內勁的來源。

　　行功心解云：「腹鬆，氣斂入骨。」行功心解說，腹鬆了，才能氣斂入骨，也就是說腹內的丹田氣鬆淨了，這個氣才能斂入於筋骨之內。氣斂入骨就是成就了內勁的能

量，也是內家拳所追求的終極目標，如果沒有內勁能量的養成，就沒有內家拳所謂的「發勁」，所以，內勁沒有成就的人，是談不上「發勁」的，也與「發勁」是沾不上邊的，即使他能將人推得老遠，都還類屬拙力的範疇，不能說他是會發勁之人。

所以，腹鬆是成就內家拳功體的重要條件，也是成就內勁的最初條件，沒有丹田氣的腹鬆，則無氣斂入骨可言，也無內勁可說，更無發勁這回事。

腹不鬆，就會使上拙力，造成「在氣則滯」的現象。行功心解云：「全身意在精神，不在氣，在氣則滯；有氣則無力，無氣則純剛。」

行功心解說，在行功走架之時，全身的精神只在意念之上，不在氣上，這邊所說的「不在氣」是指拙氣而言，是因為錯誤的使上了拙力的關係，導致腹內的氣產生滯礙而不順暢，這就是「在氣則滯」，也因為「在氣則滯」的關係，因為使上了拙力、拙氣的關係，而無法成就內勁，所以在應用時就會呈現「無力」的現象，發不出力量來，也就是說，練拳如果氣不鬆，產生了拙滯之氣，就無法成就內勁，那麼在發勁時，就會感到「有氣無力」，因為有拙氣的關係而致內勁不生，無法使勁。

「無氣則純剛」是說，因為腹鬆，沒有拙氣的關係，終能因為「腹鬆，而氣斂入骨」，而成就內勁，所以才說「無氣則純剛」，沒有拙氣，那麼所成就的內勁就是「純剛」的，裡面沒有一絲一毫的拙力，是一種純粹的內勁。

腹鬆中的丹田氣，是在內裡的，是無形無象的，肉眼

是看不到的，是難以捉摸的，只能憑意識思維去感覺，這是內家拳難練、難體會的地方，所以只有悟力好的人，比較容易成就內家功夫，那些拼命的去練重力練習、去練推樹推牆的蠻幹者，到最後，終究無法成就內勁功夫，只能耍玩拼命三郎式的鬥力推手，及那些配合表演的虛幻表面功夫。

體鬆，包涵肢體、肌肉等等有形質體，比較重要的是雙臂的鬆沉，雙臂的鬆沉是成就掤勁的要件，雙臂的鬆淨才有沉肩墜肘的體現。

再來就是胯的鬆沉，胯的鬆沉是維繫著上、下盤的靈活週轉，胯若不落沉，內氣亦無法留駐安守於丹田，所以，胯的鬆淨也是蠻重要的。

還有腳踝的鬆淨，這是比較少人提到的，也是常被一般人所忽視的，但腳踝的鬆透在內家拳而言，是佔了極其重要地位的，也唯有踝部鬆淨時，氣才能聚集於腳底的湧泉，使湧泉有根，而成就樁底的穩固功夫。

經云：「湧泉無根，腰無主，力學垂死終無補。」湧泉如果無根，腰沒有主宰，那麼無論如何去努力學習，到老將死之時，終是無法獲得益處的。所以，如果踝部滯怠而不鬆沉，不只是站立不穩當而已，連帶的，蹲也蹲不下去，在做下勢或仆步動作就會顯得僵硬、閉塞、結滯，窘態百出。

踝部的鬆，於形意拳的蹬勁佔有極重要的地位，因為腳踝鬆透了，才有壓勢及保持彈簧之力，於摺疊勁的回彈，有極大的連鎖關係。形意的蹬步成就了，才會有撞勁

的發揮，在搶進攻擊時，才能瞬間疾速進身至敵前，給予致命的撞擊。也唯有踝部的鬆淨而成就了摺疊性的彈簧勁，才有「硬打硬進無遮攔」的效果，才有「追風趕月不放鬆」的神技。

胯及踝不鬆，無法雙盤靜坐，上坐不到半分鐘，跨及腳踝就酸痛難忍，心情也跟著浮躁起來，心不得安靈，只得下坐。雙盤有安氣裹勁的作用，兩腳一盤，彷彿一條方巾的雙頭包裹起來，氣勁就束集包覆起來，不會散漫與浮濫。

胯及踝的筋若鬆開了，在兩腳雙盤後可以平躺於床上，使大腿及膝蓋平整安舒的與床面貼合，這才達到胯與踝真正的鬆淨。也唯有胯踝的鬆透及雙臂真正的達到完成一體的鬆淨，才能謂之掤勁已然成就。

掤勁並不是侷限於兩手雙臂，它是涵蓋全身各個關節的伸縮、彈性與乘載等等的，也可以說，掤勁如同一部車子的避震器，在彈性伸縮當中富有乘載力，可以在顛簸震盪當中保持車身的穩定平衡，使車子在活動當中遇到外來的力勢衝擊，而能保持穩當與安定。

某大師在一個夜晚，忽然夢到自己的兩隻手臂斷掉了，夢醒之後，恍然大悟，隔天，和功夫比他好的人推手，進步神速，大家都非常驚奇，再三的追問，才知道已經真正的鬆了，從此功夫，一日千里，就這樣悟得了鬆的境地。

這是大師他個人對鬆的體悟，他覺得，兩臂所維繫的筋絡，就像洋娃娃的手臂關節，依賴一條鬆緊帶的維繫，

才可以轉折自如。如果沒有感覺兩臂已經斷掉，就無法得知這個鬆是什麼樣的情況。

太極拳一向重視鬆的，尤其是楊家系統，他們常說：「要鬆，要鬆，要鬆」，更強調「不鬆就是挨打的架子」，這些口頭禪，成為楊家系統修煉太極拳的座右銘，也成為其他各派系的練拳指標。

話是不錯，鬆的確是太極拳及其他內家拳成就內勁的重要因素之一，但是各家所強調的鬆，所重視的鬆，都偏向於肢體的鬆，尤其是手臂的鬆，連被人所崇拜的大師之夜夢斷臂的典故，至今仍被人津津樂道，也就往牛角尖鑽進去了，臂鬆反賓為主，成為太極拳的主菜，主人家的腹鬆、氣鬆，反而被忽略、被漠視了，所以能真正成就內勁的人，也就少之又少了。

手臂的鬆，是可以成就手的掤勁及手的沉勁，但是練拳如果只偏頗於手的鬆沉，而忽視、忽略了腹部丹田氣的鬆沉，將成為捨近求遠，而落得「差之毫釐，謬之千里」的窘境，無法成就太極及內家拳的甚深功夫。

行功心解云：「發勁須沉著鬆淨，專主一方。」

發勁必須鬆淨而且要沉著，這是直指丹田氣而言的，因為勁是氣的養成功夫，氣的養成是因，勁的成就是果，因果是不會倒置錯亂的，也唯有氣的沉澱內斂，才有勁的成就產生，才有發勁這檔事可以言說，所以發勁須沉著鬆淨是純指內裡的丹田氣而言，不是指手臂的鬆淨，沉著二字不是指身法，而是無形象的意念之法。

專主一方，是指發勁時氣爆的處所集中於一處，火力

全開，集中爆炸於一處，這些都必須透過意念的指引，使丹田氣瞬間爆發。

一般的武師，在改拳、修改拳架，都是著重於外表的形架，喬喬手，撥弄撥弄腰腿等等，擺出一副拳師架子，洋洋自得，其實，他們懂得的也僅止於此，至於內裡的法寶，丹田氣的游走、腹鬆、氣沉丹田、丹田內轉等等中上乘的功夫內涵，他們是說不出口的，因為他們根本沒有實證功夫，能說能講的也只是人云亦云的虛幻知識而已。

腹鬆，是指丹田氣的鬆沉、鬆淨，丹田氣潛藏在腹內，看不到，摸不著，只能憑感覺，那麼，在這個情況下，為師的要如何去修改、調整這個拳呢？

從學生的眼神、情感、動作及某些氛圍，行家可以察覺到學生哪裡不對頭，他的氣順不順暢，他的氣結不結滯等等，都可以在這些動作氛圍中，察探到消息，而給予適當、適時的指正，這些已經牽涉到心法的傳授範圍，不是一般阿師所能及的。

武術的傳授，除了口傳、身教之外，最重要的是心授，口傳身教容易，因為那是有為法，可以明示的。心授，是傳受心法，心法難以口述，只能意會，只能心領，這之間，涵蓋著師生之間的心靈默契，只要老師稍一皺眉、一搖頭、一攤手，或許在默不言中，學生已然領會老師之意，知道自己的錯處在哪裡。

心法的傳授是有理路的，是有時節性的，你有練到某個層次境地，老師自然會給你一個機鋒，讓你能心領神會。魯直愚鈍的人，只能按步操兵，無法舉一反三，不能

觸類旁通，這樣的學生，教起來就比較費力的。

　　有智慧的人，讀經看論，即知腹鬆比體鬆重要，瞭解無形的氣的鬆，比有形的臂鬆更重要，更知道唯有內外相合，氣與體並練，才能成就大好功夫。魯直的人，聽人家大師夜夢斷臂，就認為斷臂手鬆，就已然涵括了鬆的全部，把鬆侷限於手及肢體有形體的鬆，而忽視了腹鬆的重要性，忽略了無形的丹田氣的鬆，本末倒置，捨棄根本而求枝節，值得仔細思量。

第四章

與車較勁

　　2015年7月13日到宜蘭太平山森林遊樂區的翠峰湖旅遊，入山換乘九人座的車，因為大型遊覽車是不能入山的。九人座車共有四排座位，我與兩位遊客坐在最後的第四排，第四排有三個座位，左右兩邊側窗有扶桿可以抓握，保持乘坐時的穩定，中間的座位沒有設扶桿，只能扶著前座椅背的上方，車子在急轉彎時，比較難以抓穩。

　　我原先是坐在左邊，中間是一位五十幾歲的男士，他被忽左忽右的急轉彎，拋甩的暈頭轉向，幾乎要嘔吐，後來就換到前座去，坐在駕駛的右邊。

　　我自動讓坐，換到中間的位子，想親自體驗車子在急轉彎時所形成的拋物線的力向威力。這太平山到翠峰湖，有非常多的急轉彎，而這些駕駛都是老手，在轉彎處並沒有太大的減速，中間位子又沒有固定的把手可以扶握，在轉彎時，身體難免會被物理現象所形成的拋物線力向所拋甩，但是學過太極推手，微諳聽勁原理，正好利用此機會，來一場與車較勁的遊戲。

　　我右手扶著前座椅背上方，左手輕貼在左右大腿內側的椅墊邊緣處，當車子向右急轉時，身體會被甩向左方，我的右手掌就要反向施以暗勁向前座椅背上方施下暗勁，

左手也在下方座椅邊緣處輔以暗勁，輕易的就可以保持中定平衡。

　　就這樣忽左忽右的變換方向勁道，輕鬆的與車子玩了一場不同的推手聽勁遊戲。右邊的遊客投以懷疑的眼光道：「你怎麼不會顛來顛去？」我以微笑回向他。

　　不久，山上下起大雨，而且越往上爬，白茫茫的霧也越深濃，風景的能見度降低了，索性閉上雙眼。車子仍在急駛，閉上眼睛仍然可以利用兩手的聽勁，探知車子的動向，保持身體的平衡。聽勁是不用靠眼睛去看的，全憑肌膚神經的靈敏觸覺去感受，所以閉著眼睛與人玩推手，並沒有神奇之處。

　　我把下方左手移到兩大腿內側，以掌面及掌背左右觸控大腿使勁，控制上半身的搖擺，這是一種借力方式。借力方式有借物之力、借（他）人之力、借己之力等，這是一種借己之力。

　　譬如，你蹲在地上，久了腳有一點發麻，兩腳無法自己站起來，如果旁邊有一把椅子，你可以扶著椅子站起來，這是借物之力；如果身旁剛好有個人站在那邊，你也可以扶著他的雙手或身子站起來，這是借（他）人之力；如果身邊無物也無人，你就得利用兩手去壓住自己的膝蓋，慢慢地站起來，這是借己之力。

　　你如果在泥濘地開車，車輪會滑來滑去，一個不小心，可能會陷入泥沼，動彈不得，但是如果你深諳了推手的聽勁，可以由雙手透過方向盤，去感受車輪與泥巴的過招較勁，順利的跳脫泥濘的糾纏。

　　練功夫是活潑而機動的，也是知所變化的，練習推手，練習聽勁，不是侷限於太極，在日常生活中，很多事物都與功夫的運用息息相關，練拳生活化，不只能得到功夫當中的樂趣，能知所運用變化，則利益是多方而寬廣的；不會運用，將被侷限而固執於一方，仿如讀死書的書呆子。

第五章

腹鬆與實腹

　　腹鬆與實腹，這兩個名詞，乍看似乎是有些矛盾，事實上，它們不僅不互相衝突，而且是相輔相成的。

　　腹鬆是指丹田氣的鬆淨、舒坦，太極拳十三勢歌云：「刻刻留心在腰間，腹內鬆淨氣騰然。」行功心解云：「腹鬆，氣斂入骨，神舒體靜，刻刻在心。」

　　從這邊可以看出，「腹鬆」是氣騰然的重要前提，「腹鬆」是氣斂入骨的必要過程，如果腹不鬆，如果丹田氣沒有鬆淨，想要得到「氣騰然」及「氣斂入骨」的效果，是不可能的。

　　修煉太極拳的人、修煉內家拳的人皆知「氣騰然」與「氣斂入骨」是成就內勁的必要途徑，沒有透過這個途徑，想成就這個神功，是絕對不可能的。

　　「腹鬆」是指行功走架時的舒展恬靜，避免腹部丹田周圍包括肌肉神經的緊張與內部丹田氣的結閉與呆滯，也就是說無論外部的肌肉神經及內部氣息的運為鼓盪等等，都得保持順暢、舒適。

　　譬如，如果你去練習硬力，練推牆推樹劈磚等硬功，勢必會用到蠻拙之力，此時的腹肌必然會緊張結滯起來，無法保持鬆緩舒暢的狀態，這與太極內家的行氣求勁的練

法顯然是背道而馳的，顯然是逆向而行的，想成就內勁功夫是絕對不可能的。

如果腹不鬆，如果丹田氣結滯不順暢，就會造成腹部周圍肌肉的緊繃，更會使得全身的神經跟著緊張起來，呼吸也會急促不寧，這樣，練拳就得不到效果，而且也是妨礙健康的。所以，只有保持腹鬆的狀態，才能使丹田氣得到安舒，才能使腹內的臟腑能透過丹田氣的內轉、鼓盪而達到按摩的作用，達成健康的效果。

腹鬆以後，內氣會漸漸的沉聚於丹田，越集越充滿紮實，終而達到實腹的效果。

丹田就像一個氣囊，實腹之後，這個氣囊變實了、變厚了，變得更有彈性，久練而有功夫的人，透過運氣可以達成化勁及抗打擊的作用。

所以，腹鬆是氣沉丹田而成就實腹的前提要件。太極拳一向講求鬆，某個系統更強調「鬆、鬆、鬆，不鬆就是挨打的架子」，這個所謂的架子，包含拳架與推手、散打等實戰內涵。但是他們所標榜的鬆，大部分著重於肢體上的鬆柔，而把實質的真鬆－腹鬆忽略了，也就是忽視了主角，而將視野全部聚焦於體鬆上面。

某師的夜夢斷臂，自視為參悟了鬆的高層境界，而在隔日與人較技，進步神速，功夫一日千里。這個夜夢斷臂的典故，至今都還成為太極拳界所津津樂道的事。斷臂，是一種譬喻，是說臂鬆了，好像斷掉了一般，然而，臂鬆了，臂斷了，它只是肢體上的一小部分，它與鬆透還有很長的一大段距離，它與腹鬆所得至的氣沉丹田及氣斂入

骨，可說是天地懸殊的。

　　然而，現今，人人都反賓為主，以體鬆為務，忽略了腹鬆這個主角，正是所謂的捨本逐末，捨近求遠，差之毫釐，謬以千里。

　　實腹成就以後，才是真正修煉太極拳及所有內家拳的另一個新的領域的開始，在沒有達成實腹的境地，可說都只在預練、預習的階段，因為在還沒有成就丹田氣的圓實飽滿之前，所修學的都僅止於肢體的活動而已，都還未曾涉及到太極拳的內涵。太極拳及內家拳的內涵是甚麼？蓋括而言，氣與勁而已。

　　太極拳行功心解開宗明義的說：「以心行氣，務令沉著，乃能收斂入骨；以氣運身，務令順遂，乃能便利從心。」又說：「意氣須換得靈，乃有圓活之趣。」又說：「發勁須沉著鬆淨」，又說：「行氣如九曲珠」，又說：「運勁如百煉鋼」，又說：「蓄勁如開弓，發勁如放箭」，又說：「氣以直養而無害，勁以曲蓄而有餘」，又說：「心為令，氣為旗」，又說：「腹鬆，氣斂入骨」，又說：「牽動往來氣貼背，斂入脊骨」，又說：「邁步如貓行，運勁如抽絲」，又說：「氣若車輪」，又說：「勁似鬆非鬆，將展未展，勁斷意不斷」等等。

　　太極拳十三勢歌云：「氣遍身軀不少滯」、「腹內鬆淨氣騰然」、「意氣君來骨肉臣」。

　　太極拳經云：「氣宜鼓盪」、「完整一氣」。

　　太極拳論云：「由著熟而漸悟懂勁，由懂勁而階及神明」、「虛領頂勁，氣沉丹田」、「陰陽相濟，方為懂

勁；懂勁後愈練愈精，漸至從心所欲」。

綜觀所有經論，它的核心總離不開氣與勁的，因為太極拳與所有內家拳所修學的內涵絕對離不開這個範疇的，若離開這個範圍，就與內家拳、太極拳是無涉的，是不相干的，離開氣與勁的核心，就靠近了硬拳系統，無法成就內家功夫。

所以，實腹功成之後，也就是說丹田氣已經培養到圓實飽滿，充滿了彈力，接著就要做運氣與運勁的功夫。反向而言，在未成就圓實飽滿的丹田氣之前，是無氣可運的，也是無勁可使的、無勁可發的。

某師如是說：「一定要先學會發勁」、「發勁只是一種簡單的技巧，一般人只要稍加練習，一年半載就能發出虛無空靈的內勁，不需要花幾十年的精力去苦學才能成功。」「一年半載沒學成就要注意，如果認真學了一年半載之後，連基本的『發勁標準示範動作』都不會，一定要趁早走人，另投明師。」「不會發勁，拳架打到老死也沒用」。

此師所言，乃是一種戲論，非屬拳論範疇，是一種個人的邪思謬論。

發勁是一種內勁成就之後才能有所作為的動作表現，並不是靠著學習基本的「發勁標準示範動作」而可成辦，也不是一年半載而能成就的，縱使有明師親自指導，也不是短期就可以成功的。如果，發勁有標準示範動作可作為依循，那麼所有的人皆可依循這個標準示範動作而入門，不必投師苦練，個個都將成為太極高手了？

　　所以，發勁是一種內勁成就之後，才能有所作為的動作表現，內勁沒有成就，即無發勁可以言說，也無發勁的實際可言。

　　那麼，此師所有的言說，所有的發勁之說，當離不開拙力範疇，當離不開技術性的體能打鬥手法，與太極的發勁是不相干，是無所涉及的，此種戲論言說主張，也將成為王宗岳老前輩所說的「斯技旁門」，離太極遠矣。

　　腹鬆是實腹的基礎，實腹是運氣的前提要件，透過運氣，才有氣斂入骨的成就，也唯有氣斂入骨，才能成就內勁能量，進而成就太極的發勁功夫，這是一種實際必經的過程，任何人均不可能跳越這個過程，而成就太極及內家的發勁功夫；如果跳越這個過程，而說他會發勁，或說他可以發明一個「發勁標準示範動作」而教人發勁功夫，都是屬於戲論言說，智者當可透過自我思維，而得到正確的見解，避免為這些偽師、邪師所誤導，走入死胡同，無法出離。

第六章

拳論與戲論

　　所謂拳論就是修煉拳術的正確理論，也就是說這個練拳的理論，是透過實際的鍛鍊之後，有了真正的成果，有了實證的功夫，有了實際的體驗與證知，當這些修煉者在修成正果後，將其修學的過程與成果，寫下了自己的論述，這些表述是普遍被多數人所認同的，也是可以傳承後世而屹立不搖的。譬如太極拳的拳經、拳論、行功心解、十三勢歌等等，這些拳論，至今仍被世人公認為是修學太極拳及內家拳的指標。

　　所謂戲論，純依自己的主觀意識思維而述說，並沒有實際的體驗與證知，也就是說他的論述是與實際道理脫節而不相契的，並不是自己證量心得，而是憑空想像杜撰的語言，因為自己沒有實證功夫，他所發表的言論都是自心想像或從他人或書本等資訊所獲得的知識加以闡述，以滿足自己的發表慾，想藉此而獲取他人的尊敬或另眼相看，而得到些微的虛榮罷了。

　　在拳界、在武術界，有些人為了想成名，在這網路發達的今天，每天都可看到一些阿師在網站發表拳論，也獲得一些外行的按讚而沾沾自喜，由於很少人會給予正確的評語，因為多數的人都是抱持鄉愿心理，不想得罪這些阿

師，也因為這些阿師的言語常被外行者莫名的按讚，使得這些阿師往往也以名師而自居了。

戲論，是聊天的意味，台語叫做「喇稀」，也就是不太正經的意思，是一種閒雜語、散亂語，不著邊際，缺乏正確的主題、理念，只是故弄玄虛的玩弄文字遊戲，辭藻乖高，冠冕堂皇，富麗而不切實際，極盡的呈現各人的虛華才能，其實只是做了一場遊戲式的「喇稀」論譚。

戲論就是言不及義，他的言說，與正確的義理，是不相觸的，是不相干的，是沒有意義的，如世俗演戲之人，種種身口言說、動作，都只為取悅觀眾而已，並無實義。

某網友在網路發表如下論述：「太極無步，唯有虛實。虛實來自骨勁，而骨勁來自骨關節的控制。所謂鬆，入門就從除去筋肉的力量，而純以骨架支撐人體的運動軌跡開始。當兩個以上的骨關節產生不同向量的活動軌跡，就是骨勁的開始。筋肉的餘力去除的愈乾淨，骨關節的關節活動角度，就能在愈短的活動軌跡與愈小的變化角度中，達成愈大的交互作用力，骨勁也就在此活動中次第加強。」

筆者愚昧，看不懂這位網友在說什麼，就請教他：「骨架是由筋所牽動制衡，請教筋與骨，何者才是控制虛實的樞紐？如何卸掉筋力，筋是有彈力的，卸掉後將如何去運使骨架？何謂骨勁？骨勁由何成就？若虛實來自骨勁，而骨勁來自骨關節的控制，那麼骨關節是否成為虛實變化的主角？如果除去筋肉的力量，骨關節將如何動轉？又兩個以上的骨關節產生不同向量的活動軌跡，就是骨勁的開始，這又如何解釋？」

　　這位網友只在我的回應裡按讚，卻不回答我的問題，所以，若是因為他的無法自圓其說，無法將自己的論述做一個圓滿而有實質內涵的解釋，那麼他所發表的論述，即將被歸類為「戲論」範疇。

　　何謂「太極無步，唯有虛實」？如果他說的是指太極沒有步法，這是說不通的，太極的步法多著呢，而且也不能捨棄步法而說虛實，步法本來就有虛實，虛實是涵蓋著步法的變化的。如果他說的太極無步，是指沒有步數（台語）也是說不通的，太極不是只有一個虛實而已，它涵蘊的內涵是細數不盡的，虛實只是太極十要中之一，其他還有虛領頂勁、沉肩墜肘、含胸拔背、鬆腰、用意不用力、上下相隨、內外相合、相連不斷、動中求靜等等，所以說「太極無步，唯有虛實」，只是一種文字遊戲，涉不到實義之中。

　　某師說：「不論我們是否學過發勁，老師能否在與我們接手餵勁之時，『立刻』將我們體內之內勁能量與通道引動，形成體內一股清清楚楚、明明白白的勁流，並在體內流動，具體順暢通過我們體內，而向老師奔放、發放，將老師（對手）也真實發放而去。若是，則此老師才是一個可能『教會』學習者發勁的人。

　　畢竟，會發勁的人，不一定能『教會』他人發勁；而會『說』勁的人，更不一定會真實發勁。自己能發，並且能讓對手、學生立刻聽明白，具體感受到，同時也能操作的老師，真是鳳毛麟角。學者不可不慎。」

　　餵勁是練習發勁的一種技巧，是一種練習方式。當學

習者有了內勁的成就或少分的內勁成就，透過餵勁技巧而令學習者慢慢體會發勁的要領，其中包括走化與發放時機的拿捏等等。所以，餵勁的前提是學生先得有內勁的成就或少分的內勁成就，才能透過老師的餵勁技巧，而讓學生在餵勁的過程中，慢慢的體會包括走化與反擊等等時機的掌握拿捏。所以，內勁尚未成就的人，與發勁是談不上任何關係的，頂多只能說是一種體能性的、技術性的練習方式，此皆先天自然之能，與太極之內勁與發勁是無涉而不相干的。

此師所謂的不論我們是否學過發勁，老師能否在與我們接手餵勁之時，立刻將我們體內之內勁能量與通道引動，形成體內一股清清楚楚、明明白白的勁流，並在體內流動，具體順暢通過我們體內，而向老師奔放、發放，將老師（對手）也真實發放而去，即成戲論。

因為不論你是否學過發勁，或你內勁是否已然成就，做老師的都無法像武俠小說所述的功力內傳而將我們體內之內勁能量與通道引動，形成勁流，並且反向的真實發放出去。這種武俠式的虛幻想所發表的言說即成戲論。

事實上，餵勁只是一種神經反應的訓練，透過餵勁而令學生的反應產生靈敏的作用，裡面有很多的技巧，所以，餵勁純是技巧性的功夫，它與功體的練習與成就是無涉的，也就是說，餵勁並非像餵食、餵牛奶、餵營養品或諸如武俠小說所說的餵功力丸或用雙掌觸貼徒弟身體予以灌輸功力及灌頂之類的，而能使學生徒弟們增加功力，也無法因為老師的餵勁而使學生們的體內之內勁能量與通道

引動形成勁流，並在體內流動及產生發放與奔放的效果，所以此說即成戲論。

　　某師如是說：「一定要先學會發勁」、「發勁只是一種簡單的技巧，一般人只要稍加練習，一年半載就能發出虛無空靈的內勁，不需要花幾十年的精力去苦學才能成功。」「如果認真學了一年半載之後，連基本的『發勁標準示範動作』都不會，一定要趁早走人，另投明師。」「不會發勁，拳架打到老死也沒用」、「一般武者連『發勁標準示範動作』都不會的原因，竟然是從一開始學拳時，師父就根本沒有引導他做發勁的基本練習，武者心裡也根本沒有往發勁方向去學習的念頭，甚至連學會發勁的夢想都沒有。統統都被一些師父引導去打『拳架』，還把祖師爺王宗岳太極拳論中的『著熟』妄解為『盤架精熟』，再逼著學生天天打拳架，一打就是幾十年，根本不教他發勁的要領，最後他當然不會發勁。其實，這些弟子完全是被自己的師父暗槓了，難怪會把『發人丈外』的簡單發勁技巧，當成高不可攀的神技來崇拜。」

　　前面說過，發勁是一種內勁成就之後才能有所表現與做為的動作，如果內勁沒有成就而謂「一定要先學會發勁」實乃顛倒之說，實乃無稽之談。換言之，學習發勁乃是內勁功體成就之後的事情與作為，內勁沒有成就之前，實無「發勁」一詞可以言說的，譬如說，要煮一鍋飯，一定要有米，如果你拿沙來煮，是永遠無法煮成飯的。

　　此師謂「發勁只是一種簡單的技巧，一般人只要稍加練習，一年半載就能發出虛無空靈的內勁，不需要花幾十

年的精力去苦學才能成功。」這種論述主張顯然已落入「煮沙成飯」的虛幻想之中。

王宗岳先生的太極拳論是這樣說的：「由著熟而漸悟懂勁，由懂勁而階及神明，然非用力之久，不能豁然貫通焉。」

所以，太極功夫的成就，是循序漸進的，是逐級而上的，不能一步登天，太極是沒有速成班的，你一定得按部就班，努力用功很久，才能成就內勁，再透過餵勁階段，始能達於懂勁的境界，才能步入階及神明的境地，所以說「一定要先學會發勁」、「發勁只是一種簡單的技巧，一般人只要稍加練習，一年半載就能發出虛無空靈的內勁，不需要花幾十年的精力去苦學才能成功。」即成戲論。

發勁並不是靠著學習基本的「發勁標準示範動作」而可成辦，也不是一年半載而能成就的，如果，發勁有標準示範動作可作為依循，那麼所有的人短期內都將成為太極高手了？

所以，此師所說的發勁，當離不開拙力範疇，當離不開技術性的體能打鬥手法，與太極的發勁是不相干而無涉的，此種言說主張，也將成為王宗岳老前輩所說的「斯技旁門」，離太極遠矣。

再來，說到拳架部分，此師謂，「統統都被一些師父引導去打『拳架』，還把祖師爺王宗岳太極拳論中的『著熟』妄解為『盤架精熟』，再逼著學生天天打拳架，一打就是幾十年，根本不教他發勁的要領，最後他當然不會發勁。其實，這些弟子完全是被自己的師父暗槓了，難怪會

把『發人丈外』的簡單發勁技巧，當成高不可攀的神技來崇拜。」拳架如果打對了，打好了，當然是可以成就內勁的，所以著熟是涵蓋拳架在內的，不可一味的排斥拳架，此師故謂「祖師爺王宗岳太極拳論中的『著熟』妄解為『盤架精熟』」，顯係故意引導學者要先去學他所主張的「發勁標準示範動作」，不須天天打拳架，將學者導入「盤架精熟」非為「著熟」的途徑之陷阱中，讓學者誤認為只要學會「發勁標準示範動作」，則可以不須天天打拳架。這個論述，不僅是個戲碼，已然成為一種邪說謬論矣，學者不可不詳辨焉。

發勁的基本條件是功體的成就，功體包含丹田氣的飽滿圓實、樁功的奠立、掤勁的完備等等，這些功體在在都必須長時間的去培養鍛鍊，形意拳入門先站三年樁，因為只有樁功的成就，才會打樁，發勁是要打樁的，要靠丹田氣的輸運挹注於腳跟所產生的反彈反作力、爆破力，發勁是一種爆破力，沒有氣是不能為的，所以練太極拳是要練氣的，而且要須達到氣斂入骨的，然而這些都是需要努力用功很久才能豁然貫通的，才能成就的，絕對不是靠「發勁標準示範動作」就能在一年半載的短期之內而可成辦的，所以說「發勁只是一種簡單的技巧，一般人只要稍加練習，一年半載就能出虛無空靈的內勁，不需要花幾十年的精力苦學才能成功」即成戲論。

而且，怎麼可以說內勁是虛無空靈的呢，內勁是實有的，不是虛無空幻的，你可以說懂勁之後的發勁是靈敏的，是靈巧的，是輕靈的，是可以階及神明的，但是說

「虛無空靈」似乎是有語病的，恐怕只是在玩炫麗的文字遊戲而已。

發勁的高層次境界，就是「發勁人不知」，被高手打跌出去了，猶不知所以然，這是輕靈的神明境界，但不能說這個勁是虛無空靈的。

戲論還包涵文字言說之外的肢體動作，也就是說他雖沒有文字言說的論述，但他所呈現的外表動作，也是一種肢體語言。譬如，某師在網路播放一支影音，數個學生圍著與他對打，他可以不接觸到學生的身體，只是手一揮一比，學生就東倒西歪，跌出甚遠。後來他參加一場實戰，沒幾下就被擊倒，簡直無招架餘地，這是肢體動作的戲論。這種凌空勁常被許多名師拿來唬弄不識者，做為招徠學生的花招。

某社團播了一支推樹的影片，謂每天推樹五百下，就能打下發勁基礎。練太極的人皆知，太極是講求鬆柔的，是用意不力的，太極拳行功心解開宗明義謂：「以心行氣，務令沉著，乃能收斂入骨」，也唯有氣的收斂入骨，才能成就太極的功體，才能成就內勁，所以練推樹、推牆、劈磚等等，都是與太極理論相悖的，這些都是王宗岳老前輩的拳論所謂的斯技旁門，想以此而成就內勁乃是煮沙成飯之想，這些主張不只是戲論，更是一種邪見，會誤導學者。

言不及義，或空幻而無實義的言說，是為戲論；如果發表的言論會誤導學者，或引導學者走向歧路，即成邪說謬論，是有過失的。

第七章

大師之語正確否？

某大師在他的著作說：「練功架時，切記一動無有不動，一靜無有不靜，二句要論，尤須注意其根在腳，全身重量祇許放在一隻腳上，主宰於腰，不獨手與腳要隨腰轉動，自顛頂及踵與眼神，皆須隨腰轉動，故相傳所謂練太極拳不動手，即是謂手足不能自動，惟腰為主。」

練功架時，就是指打太極拳拳架時，要切切實實的記住二句要論，就是「一動無有不動，一靜無有不靜」，這是太極拳行功心解裏面說的，當然是正確之語。而且更要注意「其根在腳」，這是拳經所說的，也是無訛的。

「全身重量祇許放在一隻腳上，主宰於腰」，這句純是大師個人的意識發想之言，拳經並沒有說「全身重量祇許放在一隻腳上」。

拳經是這樣說的：「其根在腳，發於腿，主宰於腰，形於手指；由腳而腿而腰，總須完整一氣。向前退後，乃能得機得勢，有不得機得勢處，身便散亂，其病必於腰腿求之。」這裡是說在練拳架或推手、搏擊時，它的根本動源是在於腳，然後經由腿而腰，形於手指，這裡拳經強調由腳而腿而腰，總須完整一氣，並沒有說「全身重量祇許放在一隻腳上」，能完整一氣，則身不散亂，即可得機得

勢。

　　如全身重量祇許放在一隻腳上，那在打拳架時如何轉換變化虛實？如果虛實沒有轉換，沒有由實轉虛，或由虛變實，如何移步換位？只能用跳的囉，那還成太極拳嗎？又在推手或搏擊時也只能跳來跳去的，只能一隻腳獨自站立而已，變成金雞獨立了。

　　在拳架中只有如金雞獨立、分腳、蹬腳、擺蓮腳等，是獨腳站立，是全身重量放在一隻腳上，其餘都是比重分擔的，譬如一九步、二八步、三七步或四六步等等，其中也不乏五、五雙重的，如起勢、收勢等等。

　　我們看形意拳前輩如何說：「形意拳起點三體式，兩足要單重，不可雙重。單重者，非一足著地，不過前足可虛可實，著重在於後足耳，以後練各形式，亦有雙重之式，雖然是雙重之式，亦不離單重之重心，以至極高極俯極矮極仰之形式，亦總不離三體式單重之重心。若得三體式中和之道理，無論單重雙重，各形之式，無可無不可也。」

　　形意拳的步法，大部分是四六步或三七步，不主張全身重量放在一隻腳上，它也講單重，但非一足著地，是可虛可實的，可以自由變化的，如果重量放在一隻腳上，在變化虛實時就會冥頑不靈，蹣跚呆滯。所以凡事都應該符合中道之理，離一邊即非中道矣。

　　大師說：「不獨手與腳要隨腰轉動，自顛頂及踵與眼神，皆須隨腰轉動。」

　　手隨腰轉是正確的，腳要隨腰轉是錯誤的，因為腳根

是源動力，拳經說：「其根在腳，發於腿，主宰於腰，形於手指。」根在腳，發於腿，然後才主宰於腰。腰只能主宰腰部以上的身手及頭部，所以顛頂（即頭部）可以隨腰轉動，踵（即腳跟）不能隨腰轉動。

讀者可以自己去實驗，站立轉身，當身體轉至九十度時，大腿還能轉，小腿則不能再轉，再轉足部會扭傷，所以理論上，腳根須隨虛實之變化自由擺動，而且更要動之於先，不能隨腰轉動。

眼神可隨腰轉動，但有時眼神可以先動，謂之「神驅形隨，神先意到」；神可驅意，意能驅氣，氣能驅形。有時，眼神可以是內視返觀的，如有所思；內觀能加強意氣的集中、凝聚與心靈的安靜，不一定「皆須隨腰轉動」。眼睛是靈魂之窗，眼神可以展現一個人的靈氣，所以在打拳架時，眼神是要靈活變化的，有時要反觀內視，有時須隨著手的移動而凝視的，不是固定的皆須隨腰轉動的。

太極拳不動手，乃謂手須隨腰主宰而動，是正確的；若說足不能自動，則是有待商討議論的。腰是不能主宰腳根的，因為腰沒有立足點，沒有著力之實，只有腳根才有著地之力，才是動中的一身之主宰。

那麼，拳經所謂的「主宰於腰」又應當如何解釋呢？太極拳體用歌裏面有說到：「湧泉無根腰無主，力學垂死終無補。」

「湧泉無根」，是指下盤沒有根基，沒有基礎。下盤，是人體的基座，基座穩固了，太極的功體基礎才算有個初步的成就。

　　「腰無主」，是說，腰沒有主宰。腰以什麼為主宰呢？以氣為主宰，如果沒有透過長期修煉過程，丹田之氣不能凝聚充足飽滿，這個腰就無法作主，不能以意念去主宰腰的運行，無法發勁，無法接勁。如果練太極拳，沒有練到「湧泉有根，腰有主」，那麼，練拳一生，到老、到將死之時，終究得不到一點補益。

　　湧泉之根，下盤的基座，也是靠丹田之氣的補養、運輸，沒有丹田之氣，這個基座的樁功也是無法成就的。所以，一切功法，都是以腰為主宰的，所有功架的練習及發勁之用法，都是主宰於腰的，這個腰是指丹田，不是指肢體上的腰部，它是指內的，不是指外的。若是體會錯誤，將是「失之毫釐，謬以千里。」

　　太極拳經云：「其根在腳，發於腿，主宰於腰，形於手指；由腳而腿而腰，總須完整一氣。」腰是可以貫串其根的腳及所形的手指；其根在腳，發於腿，形於手指，是指外在的肢體而言，主宰於腰，是指丹田之氣。無論行功走架，或是發勁接化，不能缺少這個丹田之氣。所以，拳經才會說：「總須完整一氣」，完整一氣是要由貯藏丹田之氣的腰來做主宰的。發勁須由其根在腳的腳去打樁，透過摺疊反彈勁上傳於腿，然而這透過打樁所引生的摺疊反彈勁，一定得藉由腰部的丹田氣的運作，將丹田氣挹注於腳根，這樣才能打下真正的樁，才能發出真正的內勁。

　　大師又說：「一處有一處虛實，處處總此一虛實，如無虛實，即無陰陽，無陰陽，便非太極。……所謂總此一虛實者，即其根在腳，將全身重量必須放在一隻腳上，

若兩腳同時用力，便是雙重，雙重即如少林拳馬步，此為太極拳最忌之大病也，切記，切記。」

在此，大師又再次強調全身重量必須放在一隻腳上，若兩腳同時用力，便是雙重。

兩腳同時用力，不一定就是雙重。雙重的定義，是廣義的，非狹義的指定於腳；而陰陽也不侷限於雙腳，左右、前後、上下、內外，皆是陰陽，也皆有虛實，所以拳經才會說「一處有一處虛實」，每一處的虛實如果變化不靈，即構成雙重，所以才說「處處總此一虛實」。大師把雙重的定義，過度執著於雙腳了。

雙重的「雙」是指兩處之意，涵蓋左右兩處、前後兩處、上下兩處、內外兩處等等，只要這些各個的兩處，被滯礙、被困頓了，就構成了雙重的局面，所以雙重並不是只侷限於兩腳的，不是兩腳同時用力便是雙重的。如果兩腳同時用力便是雙重的話，拳經就不會說：「一處有一處虛實，處處總此一虛實」了。

少林拳馬步並非雙重，它只是一種固定樁法的練習招式，無須過於排斥外家拳的練法。太極拳也有馬步的練習，如樁法中的渾元樁，拳架中的馬步靠、十字手、雲手及起勢、收勢等等招式，都是需要透過馬步的雙重，然後始能完成的。

大師說：「心為令三字，乃太極拳唯一之要訣，以心行氣，以氣運身，於以推動矣，然手足決不可自動，非待腰能便利從心之後，手足方得隨腰而動，是之 謂太極拳不動手，且足亦不自動，故太極拳之動作，真所謂牽動一

髮，則全身俱動。」

　　「手足決不可自動，非待腰能便利從心之後，手足方得隨腰而動」這句話是有語病的，所謂便利從心就是能隨心所欲的意思；若是「非待腰能便利從心之後，手足方得隨腰而動」，那麼，如果腰還不能便利從心的話，手足豈不是變成不得隨腰而動了，大師原來的主張就是「手足皆要隨腰轉動的」，現在又說「非待腰能便利從心之後，手足方得隨腰而動」，豈非前後矛盾？

　　大師自前至後，一直強調「全身重量祇許放在一隻腳上」、「足不能自動」、「若兩腳同時用力，便是雙重」。已經成為這個太極拳系統練習者的座右銘，如聖旨般的奉行，大師的立論是否正確無訛？是必須經過實際體驗與實踐，始能定論。

　　古人說「盡信書不如無書」，讀者如果只是一味盲從大師、迷信大師，人云亦云，崇拜名師，情執名師，不得謂智者也。

第八章

內家武術與藝術

武術，在古時稱之為技擊或武藝，1928年改稱為國術，1949年後統稱之為武術。技擊在古時是以作戰為目的的攻防格鬥技術，而今武術已然成為國際性的體育運動項目。

武術的運動形式有套路及實戰對打，套路包括徒手拳路演練以及兵器等，現今的太極拳套路比賽已被廣泛推展，推手比賽大部分已淪為鬥牛方式，較少看到有格調的超水準技藝，太極拳的實戰目前是較少看到的，還有待積極的推廣。

中國的武術門派甚多，總體而言，有內外家及南北拳；內家以形意、太極、八卦為代表，餘稱之為外家，而事實上武術界已將練氣成勁者歸類為內家，以練力與硬功者歸類為外家。

外家的南北兩大流派中，北派以長拳為代表，有查、潭、洪、花、炮五大派，另外還有太祖、六合、通臂、劈掛、二郎、螳螂、八極、羅漢等等派系；南派主流在廣東、福建兩省，廣東有劉、洪、蔡、李及詠春等，福建有虎、豹、龍、鶴、蛇及五祖拳等。

武術因為涵蓋了健體強身及防衛技擊效果，也有娛樂

怡情的成分，所以成為中華傳統的藝術文化之一環。

　　藝術，是一種美的呈現，這個美包含自然美與人工美，舉凡以物器、影像、音聲、動作等等，依憑著思維想像、經驗技巧等等而創作所引起人們的情感共鳴，都是藝術的範疇。

　　藝術是一種生命與精神的體驗，透過思想的活動與技術製作，而表現創作者的內心情感，並與觀賞者產生共同的激盪與感受。

　　武術是一種肢體運動，所以也屬於藝術的一環。武術運動包含健、力、美、用等等。

　　健，是健康，內家拳是一種肢體與氣功互相配合的運動，是可以獲得健康的效果。

　　力，是力量，內家稱之為勁道，是一種內在暗勁的呈現。

　　美，包含肢體美與技術美，肢體美是身體所呈現的架構、身勢之美感；技術美包括韻律節奏以及動態的構築與創作。

　　用，是一種用法，包括防衛與攻擊技巧，以內家而言涵蓋聽勁及懂勁等功夫。

　　內家拳武術，包含形意、八卦與太極，及其他以「斂氣求勁」的修煉方式之系統均涵蓋在內，所以內、外家之分野，並非以派別做分際，而是以練法而辨別。

　　力的展現，在硬拳系統，打拳是要出力的，力量要越大越好，要打的虎虎生風，或震地有聲。為了要求取這些外在的力量，往往要藉助一些器具、器材，譬如舉重、抓

石虎，或打沙包、或劈磚砍石，或互相撞胳臂等等的練法，泰拳還有更激烈的練法，要把手臂及小腿打擊樹木或物器，使手腳紅腫或斷裂，致骨漿流出而鈣化，使骨頭更堅硬；因為神經已然壞死的關係，不論打人或被打都不會感覺到疼痛，使手腳成為堅硬的攻擊武器。

內家拳是以練氣求勁的，透過行氣、運氣機制而令氣騰然，終而使氣斂入於筋骨之內，成為內勁能量。所以，內家拳不練硬力，不練蠻拙力，而是以鬆柔的方式去行功運氣。

太極拳，講求鬆柔、慢勻。

鬆柔，絕不是空幻的頑鬆。鬆，是行氣運功的因，也是行氣運功的先決條件，所以，鬆中有意念的驅策，有真氣的流行，並不是虛無空洞的幻象。

柔，是透過鬆的長期提煉過程所呈現的果，所以，柔是百煉而致的純鋼，不是懈怠的頑空。

老子說：「專氣致柔，能嬰兒乎。」所謂「專氣」就是將體內之「氣」專集、統攝起來，將氣專集守住，沉斂匯聚於丹田。將氣與自己的心相守於丹田，心息相依，不即不離。

「專氣」為何能「致柔」呢？因為氣能驅血而行。太極十三式歌云：「腹內鬆淨氣騰然」，腹內鬆淨了，丹田之氣自然會「騰然」起來，氣就會滲入骨髓筋膜之內，使骨髓筋膜充實富有彈性，達到柔韌的效果，這就是老子所謂的「專氣致柔」的道理。

所以，柔是由專氣的運為而致的，不是懈漫無物的頑

鬆，頑鬆空洞的體操把式是不能致柔的，是無法練出太極內勁功體的。

慢勻，是太極拳的特色之一。

慢，不是時間的拖延，慢，不是身勢的滯鈍遲緩；慢，是為了使氣血的流行勻稱、舒緩。慢，是透過運氣與運勁的作為，而使內勁Q彈柔韌起來；慢，是為了將來的快的實戰所做的前導方便。在慢中實質的去運氣、運勁與運樁而求取功體的養成，也只有透過勻慢的運氣、運勁與運樁，才能使丹田內氣圓實飽滿、內勁成就、樁功成就、掤勁成就，這才是太極拳真正慢的內質。

太極拳論云：「有力打無力，手慢讓手快，是皆先天自然之能……。耄耋能禦眾之形，快何能為！」所以，太極拳的「以慢制快」及「練時慢應用時快」的理論，是正確無訛的。練時慢，是練氣，將氣沉藏內斂，是練體，是練內功。功體成就了，透過用的推手等等的練習，而達到懂勁的神明境界，在用時自然可以「以慢制快」及「練時慢應用時快」的，因為到達懂勁功夫時，是可以後發先到的，「後發」就是「慢」人半拍，雖「慢」人半拍，卻可以「先到」，這是太極拳的體用的極至藝術。

所以，那些倡導「快太極」者，或教人推牆、推樹及撞胳膊的偽師，正是妨害太極拳武術藝術的原罪者，正是阻礙內家拳武術之「健、力、用、美」真正內涵的始作俑者。

形意拳，有三個練法：明勁、暗勁、化勁。

有人說，形意半年打死人，誤以為形意是彪悍暴戾

的，所以在明勁階段，往往都是用力去練，練了半年或一年或兩三年，不僅不能打死人，反而練出滿身的蹦頂拙力，但卻無法與硬拳系統相比，在格鬥時還是淪處於輸面的。為什麼會如此？

因為一般的武鬥，靠的是「有力打無力」，靠的是「手快打手慢」，在硬拳系統裏，有特殊的練力方法，有快速的揮拳練法，所以，如果沒有透過內家拳獨特的練氣及運勁、運樁等方法去修煉，是無法練出內家拳的功體；如果沒有透過聽勁而懂勁的用法去修煉，而成就內勁爆破時的疾速爆破力，是無法與硬拳系統的快相比擬的。

形意拳，入門先練站樁，是為紮根奠基功夫，這樁功是萬丈高樓的基礎，沒有這個基礎，形意拳是無法成就的。

再來就是蹬步練習，為以後的撞勁立基。

形意拳大師尚雲祥先生，年輕時曾懇求李存義先生指點拳術，尚雲祥比練了幾趟拳，李存義就笑了，說：「你練的是挨打的拳。」兩人一比試，李存義沒有用手，一個跨步就把尚雲祥跨倒了。

尚雲祥初始練的是功力拳，李存義一眼瞧破尚雲祥沒有樁功基礎，下盤不穩，內勁沒有練出，所以李存義才會說「你練的是挨打的拳」，所以只一個跨步就把尚雲祥跨倒了，不必用手打。這個跨步，指的是形意的「蹬步」，步一蹬，身子就隨著撞出去，被跨上了，好像被汽車撞著一般，飛奔出去，這是形意拳的撞勁。

初練形意，要練樁功，要練到氣能入樁，樁能入地，

能入地而生根，才能借著腳根的暗樁去借地之力，才能力由地起，這與太極拳的「其根在腳」是不謀而合的。

蹬步練習，不是練拙力，不是練肌力，而是靠著樁功中的暗勁去運勁、運樁的。所以，只有樁功成就了，蹬步練習才能發生作用；樁功沒有成就，蹬步練習都只是在練肌力、腿力而已，要成就形意拳的明勁，是不可能的。

明勁成就了，要進入暗勁階段。

暗勁練法與太極拳是相同的，也是講求鬆柔與慢勻的，但是現在人練形意暗勁，因為在明勁階段應具備的樁功、蹬步等功體的沒有成就，所以在練暗勁時，因為缺乏了這些前提要件，儘管他打暗勁打得多鬆、多慢，都只是徒具外表形式的頑鬆與虛慢，是不具暗勁所應有的內涵與品質的，這樣的練法，已然流於「形意操」的範圍，只是體操運動的把式，是練不出內勁功夫的。

形意的化勁，它雖然涵蓋了走化、卸力的成分在內，但它不是一種勁別的練法，它不是拳勢、架勢的練法，而是說他的功體之已然成就，在實戰運用之時，不論防守與攻擊，均能隨心所欲，化打無礙，而達到階及神明的境界。

形意的防守，是化中帶打的，是化、打同時並進的，當敵人的攻擊還未進到己身時，他不但沒有退守，反而是隨機搶進的，在搶攻之中是硬打硬進無遮攔的，是追風趕月不放鬆的。

這個硬打硬進，這個追風趕月，不是瞎打蠻進，不是胡追亂趕，在進打追趕之中，不僅涵蘊著武者的自信、氣

勢與膽識,更暗藏著無盡的聽勁、懂勁與化勁功夫。

　　形意的進打追趕,是樁功、蹬勁、撞勁成就的極致呈現,也唯有這些功體的成就,及化勁的造極登峰,才能成就形意拳在武術之中的藝術價值。

　　形意的出拳,都是與蹬步同時並進的,在蹬步出拳時,涵蘊了撞勁的成分質量,所以那個拳出去,是整體力量的奔放,是完整一氣的爆破,也隱藏著因借地所引生的摺疊反彈勁道,是一種真正的唯快不破的技法,所以它不是一般的局部出拳的快速所可比擬的,它的出拳勁道,也不是一般拙力的出拳方式所可比量的。

　　形意前輩有一句諺語:「打人如親嘴」,要親嘴時一定要進身貼近的,身體一定要靠攏上去的。形意的「硬打硬進無遮攔」,就是憑著其根在腳、力由地起的蹬勁所連貫帶動的撞勁,由腳而腿而腰,形於手的同時同步的整勁,一貫而出的,這樣才能「追風趕月不放鬆」的令敵兵敗如山倒,這也是構築了形意在武技方面的戰鬥藝術。

　　八卦掌,以走步、擺扣、穿梭為其拳架的特色,強調輕靈活潑及虛實變化,以避正打斜為其用法。

　　八卦掌也是重視樁法的,它的樁法有馬襠樁、丁字樁、虎坐樁、雙捌樁、達摩樁、獨立樁等等。八卦掌的樁法,總稱為混元樁,又叫宇宙樁,乃採取時序變化,純屬自然之意。八卦的獨立樁是其他拳種中較具特色的站法,在電影「硬猴拳」中,老師傅有表演獨腳樁,但與八卦的獨立樁有別,八卦的獨立樁單腳站立時,另一隻腳是往側面抬起的,腰身與手臂要和獨立腳是呈反向擰扭狀態,使

腰脊有擰裹勁產生，而在往後拳架的演練當中，能展現游走穿梭、擺扣轉身時的靈活敏捷性。

八卦掌以淌泥步為步法的運行，其中是涵蓋著蹬勁暗勁的質量的，不是像歌仔戲般的輕浮走法，也不是腳尖向前插地的走法，這些都是違背自然法則的，也是不能練出下盤功夫的。

淌泥步不只在練步法的輕靈敏捷，還在練氣的沉穩斂入。在走圈中配合手臂的換掌，及步法的擺扣轉身，培植腰腿的擰裹勁及螺旋勁。

為何說八卦掌的淌泥步涵蘊著形意蹬勁中的暗勁走法？因為向來形意與八卦是互相融合的。八卦掌的祖師爺董海川與形意的郭雲深、劉奇蘭是有所交流的，也互相切磋過，他們的功夫都是不相上下的，因為英雄相惜，互認為二家拳有相通之處，故二家拳彼此融合，學形意的也兼習八卦，學八卦的也同時學形意。所以，形意拳架的走步雖直來直往，在回身轉換時也有擺扣的步法；八卦掌的淌泥步也涵藏著形意的蹬步暗勁。

八卦掌的淌泥步是練下盤的穩固輕靈，擺扣換步轉身是練中盤腰胯的擰裹勁，手部的金龍探爪、金龍出水是練上盤的提捌勁，三盤兼顧，三盤落地，三盤的氣是要落沉的，這樣才能練出功夫。

八卦掌的用法在於避正打斜，不與敵正面對衝，所以在短兵相接的剎那，憑藉著沾連黏隨的聽勁去沾黏對手，然後由聽勁反應去自然走化。在走化當中就有步法的擺扣與身法的擰轉穿梭，透過手的探爪之黏隨，而完具「黏即

是走，走即是黏」的高深之化勁打法，這也是八卦掌的微妙戰鬥藝術。

所以，八卦掌的走化與打法，雖說是避正打斜，但它的避並不是逃避、閃躲，它的避，是一種卸力方式，是一種化勁方式，是一種四兩撥千斤的黏化打法，它在走化當中是有黏的，這個黏不純只是肌膚的相沾黏而已，它涵蓋著黏勁與沉勁的，所以能在黏中有所擺扣走化，能在黏中拔動敵人之根盤，能在黏中探知對手的虛實，能在黏中掌控契機而得到百戰百勝的效果。

所以，八卦掌的深妙戰鬥藝術，不只在避正打斜，深入敵之側、後而已，在避正打斜當中，它具備了「黏即是走，走即是黏」的聽勁懂勁功夫，達到神鬼莫測、出神入化的英雄所向無敵的化境藝術境界。

內家三拳，它的藝術價值，涵蓋健、力、美、用，修煉形意、八卦、太極，要四者兼具含括，才能達到內家拳的藝術領域。一般人學內家拳，透過拳架的練習，健康、力量、美姿或許還可以達到，但是丹田氣的養成及內勁的培育，似乎是比較缺乏的，至於用法方面的聽勁懂勁功夫還是鳳毛麟角的，所以要完備內家拳藝術的全方位，須在用法的戰鬥層面更進一步的去努力。

不要以太極拳論後面的原註云：「欲天下英雄豪傑延年益壽，不徒作技藝之末也。」這句話，來搪塞，做為自己不能成就內家拳高深武功的下台階，把內家拳武術的高深戰鬥藝術價值，給予貶低、隱沒、荒蕪。

第九章

以「心」打太極

　　心，就是心思、意念、識覺，是太極拳的主軸核心，如果缺乏這個軸心，那麼這個太極拳打起來，只是一個體操式的柔軟運動，只是普通舒緩身體的「舞功」。

　　打拳時，內心要自在安詳，靜止於一境。心能寂靜才能與定相應，靜與定是兩種不同的層次境地。人的心為什麼不能定下來呢？這都是不了解寂靜之樂，寂靜就是禪定的前階，是產生禪悅的條件，要達到禪定、禪悅，必須先由寂靜入門。

　　人的心思就如好動的猿猴，人的意念猶似奔馳的馬匹，沒有安靜的一刻。大部分的人都害怕安靜，害怕寂寞，害怕無聊，當獨自一個人無所事事的時候，心裡上就會產生恐慌的感覺，產生悶閉的感覺，在無所事事的當下，就不知如何去安立自己的心，這個時候，無聊的感覺就會萌生起來，就會想往外去攀緣，譬如去找些娛樂，或找朋友泡茶聊天，或吃飯喝酒等等，暫時的去解悶、解慌，然而，當曲終人散的時候，當那些喧囂、熱鬧離去之後，陣陣的空虛寞落又會襲上心頭，令人難過得無所適從。

　　所以，每個人都需要去學習適應寂寞，習慣於寂寞，

安忍於寂寞，進而樂於寂寞，享受寂寞。學習太極拳，更要安樂於寂寞，心不放逸。

心，是主人翁，主人不在家，這個家就成為空殼子，因為沒有人可以作主。太極拳的主軸，就是這個「心」。太極拳行功心解開宗明義就說：「以心行氣，務令沉著，乃能收斂入骨。」太極拳是以練氣為主軸的武術，是以斂氣而成就內勁質量的武術，所以，氣與勁是成就太極拳功體的要件。那麼，要成就氣與勁的功體，必須依靠這個「心」來主導。唯有以心去行氣運功，透過鬆柔慢勻的修煉，而令氣沉著，而收斂入骨，而成就內勁質量，終而達成太極拳的甚深微妙功夫。

行功心解說：「心為令，氣為旗。」

心，是君王將帥的命令；氣，是軍隊打仗時舉在陣前的旗幟，打仗時所有的士兵，都要看這旗幟的指揮而前進或撤退，但這掌旗幟的人卻要聽從君王將帥的命令而行動。所以，心是王令，氣是隨從，心不下達命令，氣則無法隨從。打拳以心為主帥，主帥發令，氣則隨行。

行功心解又說：「先在心，後在身。」

心在身先，先有心，後有身，心是主，身是從，有主人才有隨從。打拳要把心擺在前頭，心動而身隨，心動而全身皆動。

心動不是打妄想，而是專注於行氣上面，是以心而行氣的，要以自己內在的思緒、意念、識覺來配合拳路，使這個拳路注入靈魂、神韻而富有生命的躍動。

很多人打拳都只顧著身勢、外姿，沒有把心思、意

念、神靈、氣勁放在拳裏頭，他打拳只擔心有沒有人欣賞，有沒有人品頭論足。打拳不是給人看，打拳也不怕人家看，當你的拳路達到相當的層次水準，自然建立了自信，不會擔心人家的品頭論足，也不會為了搏取他人的欣賞羨慕，而刻意的擺弄拳姿架勢。

太極拳明家李雅軒先生在公開場合表演拳架，連小孩子都能體會感應到四周環境氛圍的寧靜，因為他的心思是極其安寧平靜的，所以感染到外圍的磁場也呈現一片靜謐祥和，這就是功夫，他能感應眾人的心念及氣場，而融合於一體。

行功心解又說：「神舒體靜，刻刻在心。」

打拳要刻刻在心，而且要剎那剎那在心，不可須臾離之，你如果一剎那的心神意念走岔了，那個拳已不是拳了，只是空殼子在行屍走肉，與拳已經沾不上邊了。

打拳時，身體各處，肢體百骸，都得聽令於心，心專心直，才有正氣的顯發及累積，才能以心而行氣。所以，心與氣是相輔的，是相成的，是良性循環滋生的。心識如果放逸而外馳，則魂不守舍，氣則難積難沉。心能靜定，則魂魄能安，自然能神舒體靜。

什麼是靜，不動妄心就是靜，心平氣和就是靜，靜則志正體直，這是聖人孟子說的。志正就是內心正直而無邪念，體直就是氣直，乃是透過心正之後而致的氣的順遂達直，氣直則體直，氣正則體正，這些都是必須透過心直心專才能致之的。

太極拳十三勢歌云：「勢勢存心揆用意。」

勢勢，是指太極拳的「十三總勢」，及十三總勢所變化延伸出來的所有招勢，勢勢還涵括了拳經、拳論、行功心解等經典及歌訣所論述的法要內涵。勢勢存心就是說打拳時，要把心思存放在拳意裡頭，要專心一意，不可分心。

揆，是思量、衡量、度量之意。「揆用意」是說打太極拳要以心思意念為先，以意領氣，每一個招勢都要以意念去審度思量，不可隨便忽略而過。

意，就是我們的思維活動，意念，就是心中起了一個念頭，起一個正念，透過凝想思維，默識揣摩，然後領著氣去行動運功。

意念是由心所造，所謂起心動念是也，心動了，意念就會連動起來。以直心正意去行氣，氣才能順遂暢達，練氣就是練心、修煉心性，所以，打太極拳要「勢勢存心」，心要正，意要純，正心誠意，練拳才能得益。

十三勢歌又云：「刻刻留心在腰間。」

打拳時要時時刻刻，分分秒秒，剎那剎那把心思意念留守在腰部周圍。腰際，腰間，是指腰胯及丹田的周圍，是五臟六腑的安置之處，所以，腰間是生命意趣的源頭，也是貯藏儲存「炁」的地方，如果這個腰際的丹田之氣能凝聚飽滿，那麼生命的趣機源頭，就能綿綿的流注，不會斷絕，生命才可以延續而健康。

從武功的角度來看，這個腰間也是我們練太極拳的主軸核心，太極拳是以練氣求勁的功夫，如果捨棄了腰間的丹田之氣，那麼太極拳的功體內勁將永遠無法實現成就。

　　「刻刻留心在腰間」是要留心哪一檔事呢？要把丹田氣留守、看顧著，不要讓丹田氣往外奔馳散漫，要令丹田之氣沉聚在丹田氣海之中。在透過以心行氣、以氣運身的修煉方式，使這個氣能循環無礙而氣遍周身。

　　那麼，要如何才能氣遍周身呢？只有「勢勢存心揆用意」，在每一招每一勢都要存心用意的演練，要用意念去思維、忖度丹田氣的流行、走向。

　　道家說：「行住坐臥，不離這箇。」

　　這個「這箇」乃是指丹田氣的沉守聚儲，在行住坐臥之中，都不能離開的。

　　中庸說：「道者，不可須臾離之。」

　　道就是天理、道德、良知，是性命的根本，是不可須臾離之的，如果離開了這個道，就是塞源拔本，性命不保了。

　　所以，廣義的說，在現實中，氣是生命的根本，氣存則命在，氣滅則命亡，因此，想延年益壽，就得把握這生命的契機，也就是我們身中的浩然正氣，使之綿延久長，而且這個丹田之氣的守護，也是不可以有「須臾」的離開的，「須臾」是非常非常短暫的意思，不僅不可須臾離開，還要長駐留守，然而，這個氣的駐守，還是得依靠這顆清淨的心來維繫。

　　心靜才能體靜，身心俱靜才是真靜。在真靜中，在內心真正的寂靜之中，會自然產生氣動，不必刻意去行運導引，氣就會動起來，這就叫做「靜中觸動」，或者稱之為「靜極生動」，而事實上，這個氣的動盪與流行，在生命

體還在之時，它就具有的，只是因為我們心境的紛擾與散亂而不能去發覺與感受罷了，當我們的身心具寂之時，才能感受到氣機的活動與流行。

在氣動之時，還要把持「動猶靜」，在氣動的情況下，內心還是要保持寂靜的，不會因為體動氣動的關係，而心生歡喜而讓心境跟著動搖起來。能在氣動中而保持靜定的功夫，才是真正的靜。

太極十三勢歌又云：「仔細留心向推求。」

要仔細又留心的去推究、探索、尋思，詳實細密的去推求所有太極拳的道理，從實踐中去印證、去思維拳經、拳論、行功心解等經典的真實義，及正確的體悟十三總勢的深層密意。太極拳所有的功夫都是從練中而得，是從實踐中而得，但是在練中，在實踐中你必須仔細留心的去推求，運用心思去探索去尋伺，一方面打拳，一方面去悟，在老實練拳中，總有一天會苦盡甘來，終有一天會柳暗花明，終而成就太極拳的甚深功夫。

心，是器之所成，佛語說：「心生，種種法生。」

然而，這個法，有好法，有惡法，好與惡，端看這個心是正是邪；練太極拳，要心正、要意誠，這樣，才能氣正體直，練拳而能得益。

練拳若只是為了博取名聞利養，汲汲營營，整天想去踢人家的館，找人比功夫，這樣，心就不得寧靜，不能安息養生，功夫也不能長進。

第十章

踢館與切磋

2016年2月16日台灣武術界頭條大新聞：

比武變鬥毆，濺血斷腳筋，朱元璋後代交保。

台北市大安區某里長，被稱之為朱元璋後代的朱某經營的武道館發生血腥鬥毆事件，朱某稱，某館的蔡某帶領20多人襲擊道館，而蔡某卻說，雙方相約比武，走進地下室就遭人暗算，隨行教練被傷，險斷腳筋。警方獲報逮捕9人，訊後依殺人未遂等罪嫌送辦，朱某7萬元交保。

這則新聞被沸沸揚揚的大肆報導了好幾天，成為國內的社會事件，也震撼了台灣的武術界。這中間，雙方人馬到底孰是誰非，不在討論的範圍，但武術界的切磋與踢館行為的界定與正當性，是值得習武之人正面對待的。

武術的切磋，原本是一件好事，藉由互相的切磋，而得知自己武藝造詣之深淺，以及優缺點，透過這個管道，而知所修改，以求昇進。

大部分的切磋行為，都侷限於自己的同門師兄弟之間互相比試探討，然而同門師兄弟大家朝夕相處，功夫有幾斤幾兩，大家都互相了然，進步空間有限，所以就會興起向外覓尋切磋管道的企圖心，於是就有走訪的行為。

現在科技進步，網路普遍流行，在網路上運動武術版

面，常有人會去播放自己的武術套路表演，將自己自認為最好的功夫畫面，呈現在大眾面前。更者，有些套招的發勁及對打影片，常常會被瀏覽到。如果過於誇張，難免引起有心人的挑逗心境，他就會找上門來，看看你的功夫是不是真的，於是就會有被要求切磋的事情發生，而事實他的心態，是來踢館的。

自稱為某派太極拳十九世傳人陳○旺「大師」，與亞洲首席大力士龍武進行了一場典型的「推不動」世紀表演，大力士龍武體重180餘公斤，陳「大師」體重約90公斤左右，身型體重相差一半，龍武的神力令人稱奇。比賽結果，這個太極的門外漢龍武，因為不諳太極推手中的聽勁變化技巧，所以龍武的施力，都被陳大師所掌控。

另外一個畫面，兩個人一前一後用力推陳大師，無法推動半步，此時陳大師令旁人拿一杯水，輕鬆的喝著，接下來提起一隻腳，以單腳頂住兩個人，臉上露出得意的笑容，這個畫面，暗中顯現出大師傲慢的表情，及貢高的人性面。

一介武師，原本想藉由這些武功表演，而展現自己功夫的了得，但無形中也表露了自己人格及武品的某些缺憾。2002年陳大師來台推展他的太極拳，廖白一時技癢，邀大師做了一場活步推手切磋，廖白強攻，雙按而去，大師沒有完全化開，微退了一下。這場的活步推手，大師雖是略勝一籌，但是以大師聲望，卻打成這個場景，令人看出大師的功夫並不像影片中那麼了得與傑出的。

武術的成就，應該是低調的，應該是謙卑、謙卑、而

且更是謙遜的，這樣才會受到真正的尊崇，若不如此，則無時無處，都要受到各方高手的要約切磋，或挑釁的登門踢館，招徠無謂的麻煩與苦惱，以及極重的壓力纏身，揮之不去。

切磋是好的，但是要心存善意，誠懇的去請求指導，你心誠不誠，意正不正，你是否來挑釁踢館的，人家會一眼瞧破。朱元璋後代事件，顯然不是真正的切磋，對方是否有挑逗言行，可想而知；而朱元璋後代，也有甚多的可議之事，所以雙方的衝突、鬥毆、濺血，是可預知預期的。如果沒有武功高下的比較，如果沒有虛榮心的作祟，如果這些練武者，皆能放低身段，自我要求武功的昇華。那麼，武術界才能有祥和之氣，不會有不幸的鬥毆、濺血、衝突事件再度發生。

到人家的場子，沒有經過場主、館主的同意，當然是屬於踢館行為，是要不得的。太極拳的場子，大部分是在公園、學校及運動場，雖然是在公眾的公開場合，但是你看到人家在練習推手，一時技癢，就遼下去找人家推，這是不禮貌，也是沒常識的。你先要徵得場主的同意，誠懇的去就教，請求指導。在互相切磋中，不要打得讓對方很難看，有時也要不做作的讓對方打幾下，讓對方沒有輸的感覺，這樣才能皆大歡喜，受到歡迎。

切磋，是誠懇的就教，是虛心的領受，是自我昇進的路程。

踢館，是虛榮的表露，是傲慢的呈現，是自擋功夫的頑石。

第十一章

彈抖功

有師教人彈抖功，令學生站立，身體上下起伏抖動，說這樣可以增進腰腿的彈力，終而成就彈抖勁。此乃王宗岳老前輩太極拳論所謂之「斯技旁門」，非太極正宗練法，此皆先天自然之能，非關學力而有為也。

上下抖動，牽涉到腿部的肌力，練的太久，反而使腿部肌肉形成僵拙狀態，失去機動、輕靈與活潑，以此土法煉鋼，欲成就彈抖勁，未之有也。

想成就彈抖勁，有三個要件，養足飽滿圓實的丹田氣、成就椿功基礎及手的掤勁，三者缺一不可。丹田氣是內家拳的根本，是成就內勁的元素，沒有飽滿圓實的丹田氣，就沒有內勁可成。

丹田氣有了本，透過行功運氣法訣，令氣貫輸挹注於腳根，而成就腳的暗椿，以及手的掤提之勁。必須先具備這樣的功體，才能有所本，才有發揮彈抖勁的本錢。若不如此，你在那邊傻練上下抖動，除了腿部肌肉變粗及換得應變能力的遲滯之外，對內家拳的修煉，是無所獲的，也是無所益的。

三個要件具備了，這是「體」的成就，體成就了，還要「用」成就，體、用雙成，才能真正的致用，才能成就

全方位的彈抖功。

　　內家拳的打人攻略，是採用彈抖勁，不是用直拳發動攻擊，直拳的力道及速度，是無法與彈抖勁相提並論的，彈抖勁的疾速，是真正的唯快，是一般出力的快所不能比擬的，是真正的唯快不破的，因為它的出拳，全是意念剎那的驅動，引發丹田氣的爆破，同時同步的輸送到腳根去打下暗樁並連結手臂的掤提與筋的擰裹，所引生的快速摺疊彈抖，這才是內家拳的彈抖勁。

　　發彈抖勁不是直線直出，它是透過一個摺疊的機制，這個摺疊包括各個關節的連鎖快速推擠與氣的折衝壓縮，所產生的往復來回的擺盪撞擊，它是依藉因摺疊所產的反作用力去出拳，這個因摺疊所產的反作用力而引生的爆破力及速度的疾快，是如迅雷一般的紮實與不及掩耳的。

　　彈抖勁的行使，牽涉到腳根的運樁與打樁及二爭力的。譬如練習形意拳的劈拳，在做下拔與上鑽時，下拔要打樁入地，使它起到反彈摺疊作用，同時順勢往上鑽，這邊就牽涉到上下的彈抖、打樁以及二爭力；在做下一動作的劈掌時，是前後的二爭力，後腳打樁前腳撐勁，使腰胯產生擰轉而生出彈抖擰轉作用。

　　所以，發勁它涵蓋且牽涉到左右腳的碾勁暗樁、前後上下的二爭力之互撐，及打樁運樁功力的展現。豈是肢體上下舞動之斯技所可比擬？

　　本門基本功中的採手，有上穿與下採兩個動作，這兩個動作是同時完成的，譬如右手上穿時，左手同時下採，左手上穿時，右手同時下採，這樣一上一下，往復來回，

穿採的同時是要打樁的，打樁入地，借地的反彈摺疊才上穿下採的，手臂完全是被動的。你手臂如果能鬆淨不用力，丹田氣能輸運到手臂，就會有沉著的感覺，若沒有氣沉的感覺，就是方法不對頭，可能使上拙力，只運動到腿部的肌力，沒有運氣、運樁到腳底，也就是說還不能領會打暗樁的要領。

如果具備了這三個要件，你要採人家，不必用手去抓緊他的手臂，只要前三指或前二指輕輕地含扣著對方的手臂，打個暗樁就可以令對方全身震動，這個暗樁打下去，你也看不到施者身體有任何動作或身形變化，只是一個作意而令丹田去打下暗樁而已。

當你的丹田氣養足飽滿，而且樁功成就，也會打樁運樁，那你示演「蒼龍抖甲」的震身功就會有個樣兒，不會看起來鈍鈍的，笨笨呆呆滯滯的，拖泥帶水的，你腳下有無功夫，明眼人會一眼瞧破。

有了這些知見，你再上往去看人家表演的的蒼龍抖甲或震身功，即可辨識真偽。

也許你常常看到某些人，打起太極拳，手指刻意一直不停的抖動，以為這就是彈抖勁。其實真正的彈抖勁，是丹田之氣的引動，是腰胯的擰裹，腰像蒼龍抖甲般、像彈簧般的快速彈抖，是全身整勁的彈抖，像狗狗洗完澡快速抖乾全身之水的彈抖，不是像巴金氏症般的手指局部在那邊抖個不停。

有個拳友，他跟我是參加第一屆全世界華人武術大賽的初賽入圍者，我們一起到美國去參加決賽，在空閒暇餘

間，就會互相切磋一番，他練的就是手指一直不停的抖動的系統，我發現他的發勁是空無而不入裡的，沒有練出內勁功夫，但是他打的拳架卻是每招都不離彈抖的動作，煞有介事。

所以要辨識一個人有無練就彈抖勁，要看他有無從丹田發勁，腳樁有無入地，以及會不會打樁。只有氣動的打樁所引生的瞬間爆破，才是真正的抖勁。

彈抖勁在發勁時，身手打出去時會快速如彈簧般的彈回歸位，不會餘波盪漾，在那邊抖個不停，成為巴金氏症的一員。

發勁是會損耗內氣的，會衰竭能量的，練太極拳，不宜在那邊一直抖動發勁。發勁試力的練習，需要待功體有成就時擇期、擇時而練；功體尚未成就，練發勁、練抖勁，只是內氣的空轉耗損，對功夫是無所助益的。

第十二章

拳的解門與行門

　　學佛的人都知道，修學佛法有解門與行門。解門就是理論、觀念，建立正確的知見；行門就是以正知正見的理論方法去實踐，身體力行，而達到理論所指引的目標，所以，要解行並重、並修，才能得到佛法的利益。

　　如果知道正確的理論、方法等正知見，卻不腳踏實地的去實踐，老實修行，則淪為空談佛法，浪費生命，浪得人身，無有是處。

　　佛法的解門有四聖諦、十二因緣、八正道、戒定慧、三法印等等，深入一點，還有成唯識論、起信論、楞伽經等經論。三藏十二部，佛法甚深，極甚深，你熟讀佛經，而不解其意，又不去親近善知識，或者拿起經典，囫圇吞棗，不求甚解，都是虛榮、虛幻的學佛者。

　　有學佛人常說：「我不想聽理論的東西，請教我實際的修行。」在佛典裡面，佛陀苦口婆心的敦敦教誨，每一部經都有教你如何去修行、去實踐，只是學人都把佛的言教、身教輕忽了，漠視了，甚至對佛起疑，不信佛之言教，如佛說妙法蓮華經時，五千增上慢人離席，不想聽佛講經說法。何謂「增上慢」？未證言證，或雖已證，而起慢心，認為自己勝過他人或老師，謂之增上慢。慢就是驕

傲，瞧不起人，增上慢就是比傲慢者更增一等，也就是極其傲慢驕縱之意。

學佛的重點有聞、思、修、證。聞是博學多聞，廣閱三藏教典；聞後要思維，思維通透了就要實修，實修以後才有證悟之機緣。證悟的機緣，是有前提要件的，得要先修福、修戒、修定、修慧等等，這些都圓滿了才有開悟的機緣。

學練太極拳，或內家拳等，也是要透過聞、思、修、證四個過程。練拳要聞甚麼，拳經、拳論、行功心解、十三勢歌訣等，都是必讀的，而且要熟讀，透過思維而理解其中義理，之後就要老實練拳，在實踐練拳中，一方面練，一方面思維拳理、拳意，這樣才能有所獲、有所得、有所證。

拳經、拳論、行功心解、十三勢歌訣等，都是祖師先賢功成後所留下來的不朽傑作，也是他們修成正果後的結晶作品，這些經論都是言簡意賅的，不會長篇大論。就像佛典一樣，智慧稍低點的人，聞之不解，其實這些經論都已涵蓋了解門與行門，然而，只有老實修行的人與老實練拳的人，才能悟得。

對於筆者的拙作，有韋師兄拳友回應道：「於老師的大作，一出版即購進，粗閱文義，感受上是以理論來辯正，釐清觀念上的問題居多，也即專注在解門上的著訴，而在行門上沒多做說明，如打樁一例，外形、內氣如何運作，虛實如何轉換的細節，領略不到。末學的提問，也許顯示自身所學之不足，但不知而問，也是一個求學問的態

度，請老師不吝指教，謝謝！」

　　愚之著作有《太極拳行功心解詳解》、《內家拳武術探微》、《太極拳經論透視》、《內家拳引玉》等，出版以來，頗獲讀者及拳友們的愛顧支持，甚是感謝與感恩。四書之中，皆有理論的解門，與實修的行門，如果只是「粗閱」，走馬瀏覽而過，未予詳讀深思，則僅能獲至表面文義，不能得到實質內涵之利。

　　關於打樁一例，筆者在拙作《內家拳武術探微》一書第112章，有論述如下：

　　「打樁，這名詞，比較少人作論述；關於發勁的論述，頂多只會說到借地之力、借力使力之類，因為一般的武術，講究樁功的不多，甚至有些人貶抑站樁，認為那是死法，誤會樁功只是固定、死死的定在那邊，有不屑樁功之態勢。」「正確的打樁，是樁功成就，內勁成就，內氣成就圓滿，在意到時，已然氣到、勁到，完整一氣的打樁入地。」「打樁發勁，還要有手的「掤勁」做連合基礎，才能相輔相成，因為發勁是一個完整的體，如果有一個局部不搭稱，不綿接，就會形成斷勁現象，那個勁發出去，就零零落落，分散而不凝結。」

　　練習打樁，必須先求丹田氣的圓實飽滿，還要練站樁，成就樁功，鞏固下盤，還有手的掤勁要成就，這三個前提就是行門的方法。如果不具備這三個要件，練到老依舊是不會打樁的。

　　「打樁必須透過練習後，才能慢慢得到要領。初學者總是用跳起落地的打地方式，但是任由使出吃奶之力，就

是打不出凝結有勁道的樁，那個樁打下去，總是空空無
物，不脆不響，打得腦袋暈暈的，還是不得要領。打樁必
須樁功有成之後，能入地有根，勁道能透入地底深層，入
地三分，有了這個基礎，才能稍知打樁竅門。只要意一
動，氣一沉，自然能在瞬間打出結實、磅礡、凝聚，令人
驚悚駭然的樁。」

　　「打樁，純是意與氣之神妙運用，配合肢體勢力，謂
之外形內意，謂之內外相合。」

　　這邊說到，打樁必須透過練習，才能得到要領，打樁
不是用跳的用力打地的方式；如果樁功有成就，只要一個
作意，氣一沉，純是意與氣的神妙運用，配合肢體勢力及
丹田氣的下注，即可完成打樁動作。所以在外形上，身體
是看不到很大的動作，甚至沒有動作可以觀察的。

　　打樁時內氣如何運作，虛實如何轉換，筆者在拙作
《內家拳引玉》第七章丹田內轉有敘述如下：

　　「丹田之內的氣，要如何運轉呢？譬如，我們打太極
拳的搬攔捶或形意拳的鑽拳，在右拳往右下搬，左掌同時
往右下攔時，腰胯要往右擰轉，配合著吸氣、蓄勁使丹田
氣往右後纏繞，令氣緊貼於後背脊，接著放鬆腰胯，產
生摺疊迂迴的自發性彈簧式的動轉，此時是自然吐氣。接
著，再吸一口氣，氣貫腰脊，右拳要捶擊出去時（形意
打右鑽拳），氣沉於丹田，藉由丹田氣的鼓盪，將氣運至
腳底，打入暗樁，借樁入地的反彈摺疊勁，出拳發勁。這
中間的牽動往來，腰身的左右擰轉，以丹田氣配合著去
牽引，氣是走在先，身在後隨，這就是上下相隨，內外相

合。」

這邊敘述到，運勁及發勁時行門作略以及虛實的轉換，如果能詳讀丹田內轉全文，加以琢磨思維，對於打樁會有更深層的理解。

至於打樁時虛實的轉換，在打樁發勁之時，丹田氣是實的，沒有紮實的丹田氣的鼓盪輸運，去打下暗樁，就沒有完整一氣的氣爆整勁可發可打，這些在書裡面都是有講到的。

筆者的四本書，大部分是圍繞著拳經、拳論、行功心解而作自己的心得論述，很多章篇都是互有關聯性的，在這邊只能簡單的提出一些片段，若要細說，則又是長篇累贅，恐淪囉嗦，故不再重複言說。

在《內家拳武術探微》一書，第二章內家武術的階程次第，有說到站樁的要領及內勁的練法；第54章有說到掤勁的修煉方法；第64章寶貝你的氣，守著你的氣及第134章呼吸與練氣等等，都有論及丹田氣的修煉方法。在《內家拳引玉》一書第24章發勁與打樁，及25章的運樁，都有說到樁法的運用。

這些等等的方法都是發勁打樁的必備條件，這些條件如果都具備了，要練習打樁就容易了。

若是有人已具這些條件，尤不諳打樁訣竅，如能詳讀四部書，再與太極拳經論及行功心解互為印證比對，那麼要體會打樁發勁及丹田氣的虛實變化等行門功夫，就會比較容易入門了。

不論解門或行門，都得覓尋一位正善知識或明師，為

你教導，開破，有些法門，比較不容易用語言文字細述，尤其在動作方面，必得老師親自解說，及親身餵勁餵招才能理解而融會貫通，如果光靠書本或經論，想要無師自通，除非你有先天宿慧，否則要成就功夫是有些困難的。

　　本文緣起，乃拳友韋師兄對拙作內容及部分見解提出回應，故有此篇文章之發表。

　　韋師兄與筆者粗識多年，可惜無緣一起切磋拳藝，略感遺憾。

第十三章

手到腳到說分明

有學生問老師：「太極拳的抱虎歸山是不是要手到腳到？或是手先起來，腳再拿（出去）？」老師回答：「一起到。」學生還是不明白，再問：「是手先起來，腳再踏出去？」老師：「先定好了，腳再出去，手先盪起來。」學生：「手先盪起來，腳再出去，這樣對不對？」老師：「對。」學生：「不是要手到腳到？手腳一起到嗎？」老師：「手到腳到，到了定式才手到腳到。」

這是網路上流傳的一段影片。老師重複解說，學生還是不大明白，總以為打太極拳要手到腳到，要手腳一起到才對。老師說，所謂手到腳到是指到達定式的時候而言，不是在行進的過程中要手到腳到。所謂「定式」就是說，這一招式已經到了完成階段，接下去就換別一式了。

老師這樣解說雖屬正確，但是學生先入為主的觀念中，可能認為拳架不論是在行進的過程中，或到達定式完成為止，都得要保持手到腳到原則，才是他所認知的「手到腳到」理論。

筆者另有一說：拳法無定法，就像佛法，如果辯才無礙，那麼，橫說豎說，正說反說，皆成正理。

手到腳到，有時是以虛實轉化而言，因為在拳架的行進之中，是有虛實的變換的，只要有虛實的對稱，譬如，

鄭子三十七式太極拳，在十字手後要轉成抱虎歸山，重心落實到左腳，在左手向上盪起，同時右腳虛步向前移動，這時的左手與右腳就成為一個對稱的「手到腳到」，雖然它們還未到定式或定點，所以，這個「到」並非全指「到達」之意或「到達定式、定點」之意，它是可以被解釋成「動起來」之意，也就是說手腳同時動起來，同時用了同步的意念，虛實有了對稱，就已構成手到腳到之意涵了。

在這個動作中，你左手盪起來，意念引氣達於手掌，這個同時，右腳伸出，意氣也隨意念導入腳底，氣的同時同步到手到腳，就已然構成手到腳到之意。雖然手和腳行進的方向不同，也尚未同時到達一個定點，但它已然是落實了「手到腳到」的局勢。

等到虛實落定了，譬如抱虎歸山一式，右腳邁步出去，左掌也打了出去，在右腳落實成右弓步時，左掌也同時打到定點，此時是右腳與左掌構成一個方向相同及定點互相對配的「手到腳到」，成為右實腳與左實掌對稱的「手到腳到」。

所以，雖猶在行進的過程當中，尚未進入到定式，而手與腳是起到分工合作的默契，發揮了手腳並用的功能，這就已經構築了「手到腳到」的內涵。只要手腳起到了相互的搭配性，結合了搭襯的功能，只要它們能搭襯得宜，搭配得無衣無縫，襯托得無有斷續、無有凸凹、無有缺陷，就是「手到腳到」了。因此，手到腳到是涵攝了手向後腳向前，如抱虎歸山，或手向前腳向後，如倒攆猴，或手腳同時向前，如摟膝拗步。

「手到腳到」也涵攝了手動而腳不動，譬如定步推手，手雖出掌按去，而腳定注不動，實質上它是有氣在動，氣會挹注到腳的暗樁上，這當然也算是腳動的，是內氣與外形的互動，是一種內外相合的動態，這些林林總總都可算是「手到腳到」的。

又譬如，某些老師傅，到了年老時，腳不能站立，只能坐著，但是他的內勁功力並沒有退失，坐在椅子上仍然可以發勁，讓人跌出，他依靠的是墊底的臀部，與手的搭配，臀部就是他的腳根，他雖沒有用上腳，臀部是他的腳，這個臀與手的並用，也算是「手到腳到」的。

又譬如肘靠、肩靠、背靠、臀靠等，雖然沒有出掌或出腳，但已使出了腳的暗樁，這也算是「手到腳到」的。又譬如，從預備式到起式，手緩緩提起，然後慢慢按下，這中間只有手的上提下按動作，腳外形上看是不動的，但它有運到腳的暗樁，有意念及氣的下注，雖然此時的腳在形式看是無動，但是有內在的氣動，這也是一種「手到腳到」的另類表現。

所以，前面的老師說，手到腳到，是到了定式才手到腳到，只說了一半，是狹義的說法。在沒有到定式時，雖然還在行進的過程中，仍然是要手到腳到的（也可以說是手腳併動具到的），這樣才符合太極拳行功心解所說的：「一動無有不動」的拳理原則，只要有動，都是手腳具動的，都是手腳具到的，這樣來說「手到腳到」才是圓滿的說法，是為廣義的說法。

在用法中，譬如技擊格鬥，你要出拳，是要手到腳

到的，形意拳打法說：「打法定要先上身，手腳齊到才為真。」出拳發勁是要手到腳到，要同時到，如果手到腳不到，那個威力是會銳減的。形意拳是非常重視腳功的，入門先練三年樁，樁功穩固成就了，再練躜步。形意的打法，是注重於腳樁的，腳打七分手打三，打人全看腳上功夫，全看你的樁功有無成就。沒有樁功的打法，是挨打的架子；有樁功，手只需用三分勁，是腳帶著手去發勁，手的掤勁成就了，只一個腳的蹬勁領著，手僅掤提的捧著，不須看到出手，已然完成「腳到手到」之作略。

在拳架的運作中，手和腳是尋著太極圖的圓弧軌道而陰陽虛實變化的，陰增則陽減，陽增則陰減，這陰陽的對比，是互為搭襯的，因此也構築了虛實互變的搭襯，這陰陽虛實的軌道，有一定的規律，懂拳的人，會很自然的就著軌跡而行，不會出岔，也不會有「腳到手到」之類的爭議及疑慮，只有初學者及會鑽牛角尖的固執之人，才會陷入自己所籌建的胡同窠臼之中，跳脫不出。

綜歸而言，「手到腳到」的真正意涵，並非侷限於手和腳的同時到位，或到達定式，而是在我們打拳當中，在起心動意之時，不論是手與腳，或手與觸底的臀，或肘肩與腳等等配對，同時起了「意」，同時動了「形」，這個形與意互為搭配銜接，並且循著陰陽虛實的軌道而行、而變化，沒有偏離「陰增陽減」、「陽增陰減」的虛實變化原則，則可謂之「腳到手到」而無疑。如若執意於手與腳必須同時到達定位或定式，是為頭腦魯直不求變通者，一旦鑽入牛角尖，恐無出期。

第十四章

陰陽貴在變化

兼論陳鑫的太極拳總論

太極拳由來都是講陰陽的,甚至論及到五行、八卦裡去,這都是受到中國道教宗派以及易經理論的薰陶影響,至今依然。

以太極拳武術的立場而言,陰陽二字,只是在講虛實的變化而已。太極拳一向是講求虛實的,不論是拳架方面的「體」,或推手及散打格鬥方面的「用」,在在都是與虛實息息相關的,實際上也沒有離開陰陽的變化範圍。

太極拳經云:「虛實宜分清楚,一處有一處虛實,處處總此一虛實。」這個虛實,是遍及於拳架與散打格鬥的,在我出版的四本書中,對於虛實的論述,可說是一說再說,所以在此就不再贅言。

在太極圖中,陰陽都是循著一定的軌道而行的,陰增則陽減,陰消則陽長,陰陽是互相消長的,陰少了一分,陽就會多一分,陰多了一分,陽就會少一分,永遠都是維持平衡而對等的狀態,這也就是太極的陰陽理論。

太極拳論云:「陰陽相濟,方為懂勁。」

陰陽就是虛實,陰陽相濟就是虛實變化相宜,陰不離

陽，陽不離陰。

　　符合中道原則，就是陰陽相濟；懂得陰陽相濟原理，就是懂勁之人。

　　拳論說：「每見數年純功，不能運化者，雙重之病未悟耳。欲避此病，須知陰陽。」

　　雙重就是雙陰或雙陽，雙重就是雙虛或雙實，沒有「陰陽相濟」。

　　欲避此病，須知陰陽，想要避開「雙重」這個毛病，必須知道、懂得陰陽變化的道理。

　　陰陽，涵蓋了虛實、剛柔、動靜、內外、左右、前後、上下、進退、開合、蓄放、曲伸等等，這些都要保持著互相濟合的中道原則，保持平衡而對等。若是偏陰或偏陽，若是虛實不分，若是有剛無柔，進退失據，開合無準，蓄放不整，曲伸拮据，凡此等等，都將落於陰陽不相濟、陰陽不調和的窘境，不能謂之懂勁。

　　所以，若論太極，似乎離不開陰陽，而陰陽之理，貴在變化，在變化當中，還是循著一定的軌道而行，永遠都是陰陽不相離，都是陰陽相合、相濟的。

　　陳鑫的太極拳總論這樣說：

　　「純陰無陽是軟手，純陽無陰是硬手。

　　　一陰九陽根頭棍，二陰八陽是散手。

　　　三陰七陽猶覺硬，四陰六陽顯好手。

　　　惟有五陰並五陽，陰陽無偏稱妙手。

　　　妙手一著一太極，空空跡化歸烏有。

　　每一勢拳，往往數千言不能罄其妙，一經現身說法，

甚覺容易，所難者工夫，尤難者長久工夫，諺有曰：『拳
打萬遍，神理自現』信然。」

　　軟手、硬手、散手、好手、妙手，這些似乎是陳鑫自
心意識思維臆想所建立的名詞，把太極拳的陰陽，劃分成
這麼多的「手」。

　　什麼叫「根頭棍」，按這頭，那頭打，就叫根頭棍。
有一種棍法就叫根頭棍，現在還有人在練。如果按著棍
頭，而能夠力透棍稍，也算是長了一些功夫，而陳鑫把一
陰九陽說成根頭棍，顯然有貶低之意。

　　陳鑫主張純陰無陽、純陽無陰、一陰九陽、二陰八
陽、三陰七陽等都是列屬不善、欠佳的，只有五陰五陽，
陰陽無偏才能稱為妙手，這可能是易經的陰陽中道理論。
但以太極拳的拳術立場而言，陳鑫的太極拳總論，是值得
檢視的，因為他立論的題目就訂為「太極拳總論」，以陰
陽而概括所有的太極拳理論，已把太極拳縮限，侷圍於陰
陽一隅。

　　太極拳所說的陰陽，是跳脫不出虛實的，也可以說，
陰陽是直指虛實而言的，而虛實也涵蘊著剛柔、動靜、內
外、左右、前後、上下、進退、開合、蓄放、曲伸等等。

　　我們可從太極拳論裡的一段話來敘述：「偏沉則隨，
雙重則滯，每見數年純功，不能運化者，率皆自為人制，
雙重之病未悟耳。」

　　所謂偏沉則隨，就是重心有了偏轉移動，有了虛實的
變化，所以就能隨勢順化，化險為夷。

　　所謂「雙重」是指虛實而言，虛實不能運化，就會被

人所制，成為挨打的架子。雙，就是兩處，包含上下兩處、前後兩處、左右兩處、內外兩處等等，只要這些種種的兩處，形成滯礙，不能運化，就落於雙重之病。

有名師解釋雙重，把兩腳站立的比重相等，認為就是雙重，因此主張全身重量只許放在一隻腳上，若兩腳同時用力，就犯了雙重之病。這種認知，已然成為「雙重之病未悟耳」之屬。

因為，虛實的變化，是涵蓋上下、前後、左右、內外等等的，非侷限於兩腳一處，所以太極拳經才會說「一處有一處虛實，處處總此一虛實」，這個一處，絕對不是侷限於兩腳一處，是包含全身上下、前後、左右、內外等等的「處處」，是處處總此一虛實的，是處處都離不開這個虛實的。然而，很多人都被名師所誤導，以致不能領悟這個雙重之病。

拳論說，欲避此病，須知陰陽，也就是說，你想要避開這個雙重的毛病，須知陰陽，要懂得虛實變化的道理，陰陽不相離，陰陽相濟，這樣，你就成為懂勁之人，因為你已悟到雙重之病，已悟知陰陽虛實變化的道理。

陰陽不離，陰陽相濟，並不是說陰陽一定得五五波，並不是說陰陽一定要相等。陰陽相濟是理說；理說，是一種通說。太極拳，說理，也說事，理事圓融才是太極拳。因為太極拳，不論拳架或推手技擊等，都是講求虛實的，而虛實是有變化的，唯有虛實變化得宜，才是知陰陽、懂陰陽的人，才是懂勁之人。

從拳架而言，虛實的變化，透過腳的雙重而變化虛

實，由虛轉實，它的比重是從虛的0然後再1、2、3、4、5、6、7、8、9轉為實，重心是慢慢移動變化的，或由實轉虛，也是如此。

這虛實的變換，也就是陰陽的轉換，陰消陽長，陽減陰增。所以在整個過程中，不會都是五五波，不會都是五陰五陽，因此，懂拳的人，不會認同陳鑫的論說，不管幾陰幾陽，只要互為搭稱，就是陰陽相濟，若是執於「唯有五陰並五陽，陰陽無偏稱妙手」的理論，顯然是不知陰陽之人，不是懂勁之人，是未悟太極拳理之人。

如果反向思維，我說五陰五陽是雙重，不是妙手，不知陳鑫要如何辯駁？不知陳鑫是否亦落於「雙重之病未悟耳」的一員？

又如大師所言的「全身重量只許放在一隻腳」，如果依陳鑫的說法，將被排除於「五陰並五陽」的妙手之列。

太極拳的理論博大精深，非陳鑫短短數語而能「總論」概括。陳鑫的著述「太極拳權譜」裡面有一句話：「陰陽變化，存乎其人，稍涉虛偽，妙理難尋。」他既知陰陽有變化，而且存乎其人，那麼他的太極拳總論似不該說只有五陰五陽是妙手，其餘都不是妙手。陳鑫說，稍涉虛偽，妙理難尋。

陳鑫著書立說，著作等身，寫了不少的太極理論，到底陳鑫會不會太極拳呢？他所著作的太極拳總論，是否也涉及到虛偽呢？在他的總論裡面，可以道盡所有的太極拳之理嗎？如果不能，就不可謂為「太極拳總論」。

陳鑫說：「妙手一著一太極，空空跡化歸烏有。」他

說妙手之中，每一著，都是一個太極，那麼，一陰九陽、二陰八陽、三陰七陽等等，當然也算是「一著」，也都是一太極，既是太極，當然是符合陰陽之理的，當然也是屬於妙手的一環。所以，綜觀陳鑫的七言歌的太極拳總論，顯然是前後矛盾，自語相違的，這就是沒有實證太極拳功夫者的缺漏處。

「空空跡化歸烏有」，是說太極的陰陽，最終總要歸於烏有，空無跡象，成為無陰無陽的無極現象。這也是矛盾，也是有語病，他的太極拳總論，前段一直在論說純陰無陽、純陽無陰、一陰九陽、二陰八陽、三陰七陽、四陰六陽、五陰五陽等等，末尾卻說：「妙手一著一太極，空空跡化歸烏有」，顯然是不合乎邏輯理論的，因為既然後面的結論說「空空跡化歸烏有」，則不必有前面的囉哩八嗦的純陰無陽、純陽無陰、一陰九陽、二陰八陽、三陰七陽、四陰六陽、五陰五陽等等的敘說。

陳鑫的七言歌外還有加註，他說：「每一勢拳，往往數千言不能罄其妙，一經現身說法，甚覺容易，所難者工夫，尤難者長久工夫，諺有曰『拳打萬遍，神理自現。』信然。」

陳鑫說，每一個拳法招勢，往往數千言也不能把它的奧妙說盡，但是如果經過現身說法，就覺得很容易了，這個現身說法顯然是指他自己而言的，似有老王賣瓜，自賣自誇，自我膨脹，自覺偉大之嫌，在語言文字中似乎隱隱顯露了高推自己的驕矜態勢。

陳鑫說，所難者工夫，尤難者長久工夫。工夫就是時

間，太極拳所難者就是需長時間的去修煉，那麼，陳鑫到底有沒有長時間的去修煉太極拳？陳鑫到底會不會太極拳呢？

1917年太極拳泰斗吳圖南先生訪問陳家溝的陳鑫先生，在他所著作的《太極拳之研究》裏，有說到陳鑫要寫一本書，書名叫《陳氏太極拳圖說》，陳鑫自述不會太極拳也不會炮捶，他熟讀易經，把易經裏卦的變象寫出來，插上圖，再把家人練的炮捶湊在一起，就是太極拳了。

陳鑫說，他這本書拿出來不一定適合太極拳，因為他的目的不在這裏。他的目的是什麼？陳鑫說太極拳在北京很時興，漸漸地南方也有了，正是好時機，到底是什麼樣的好時機？值得推敲。吳圖南先生乃一代太極明師，相信他書中所述當無謊言。

一個沒有練過太極拳的人，卻會著書立說，陳鑫說，他這本書拿出來不一定適合太極拳，因為他的目的不在這裏。那麼，他真正的目的為何？只為了解釋易經而已嗎？還是到如今似已完成他心願的虛偽裝飾的沽名釣譽呢？

陳鑫說：「拳打萬遍，神理自現。信然。」

從吳圖南先生所著作的《太極拳之研究》裏，我們得知，陳鑫是不會太極拳的，他只懂得易經，那麼，他有沒有「拳打萬遍」呢？如果沒有，怎知拳打萬遍，就能神理自現呢？似乎也是道聽塗說而已吧？

我們假設，一天練十遍太極拳，那麼，三年就練了一萬遍以上，太極拳練三年以上的比比皆是，但是他們都「神理自現」了嗎？你能「信然」嗎？可是沒練過太極拳

的陳鑫卻大言不慚的說「信然」，是否也涉及虛偽呢？陳
鑫的「信然」一語，是否經過親歷的實踐修煉過程而「信
然」的，或只是人云亦云，食人唾涎而說呢？

陳鑫在他著作的《陳氏太極拳圖說》的自序說：「是
書傳之於家則可，傳之於世，恐貽方家之一笑。」是自謙
還是實情，有待後輩學者依智慧去判讀。

陳鑫到底會不會太極拳？在他的《陳氏太極拳圖說》
自序有如下的敘述：

「我先大人命我先兄諱垚習武，命愚習文。習武者武
有可觀，習文者文無所就，是誠予之罪也。夫所可幸者，
少小侍側，耳聞目見，薰蒸日久，竊於是藝管窺一斑。」
陳鑫自述說，他的先大人命令哥哥習武，而命令他學文，
可知他對陳家太極拳是沒有親身學習的，只是耳聞目見而
已。

太極拳微妙深奧，豈是耳聞目見而可管窺一斑？我們
透過陳鑫的太極拳總論中的論述，以及他的《陳氏太極拳
圖說》自序，可依邏輯而推斷，陳鑫是沒有真正的學過太
極拳，也不會太極拳，他的太極拳總論只是在玩弄文字遊
戲與數字遊戲，對於太極拳武功的修煉，並無實質意義與
效益。

台灣有真正悟道的菩薩說：「太極唯臆想，根本實真
識；無明生兩儀，萬法由茲生。」

悟道的菩薩說無極、太極的思想，都是凡愚們自心意
識的忖度臆想，宇宙實相的根本，是眾生皆具有的真識如
來藏，因為眾生的無明，所以才會有太極陰陽兩儀的思想

生出，也才有萬法的茲生。

太極拳，是一種武術，是一種攻防戰鬥藝術，牽涉到陰陽範疇的，幾乎涵蓋於虛實變化的大範圍之中，能明白虛實變化之理，就是諳於陰陽之理。如果再去深究五行、八卦等易經之理，對於太極功夫的成就，是否有所助益，值得智者去深思。

而陳鑫的太極拳總論，讀者閱後，對於太極拳武功的修煉，有沒有得到正面的實質利益，是值得探討與思維的。

（關聯文章：「也談妙手」－拙作 《內家拳武術探微》第27章「陳鑫會不會太極拳」－拙作 《內家拳引玉》第30章）

第十五章

棉裡裏電與感而遂通

維基百科有如是記載：「『太極推手技壓楊少侯、楊澄甫』

1929年，陳微明邀請孫祿堂、楊少侯、楊澄甫三人同聚，欲討教太極推手之妙，楊少侯論以推手時推斷莫分，觸之即放；楊澄甫則論太極之勁似棉裏鐵，其要並非四肢的一緊一鬆，而是在腰，並與陳搭手演示；楊少侯見孫祿堂不講話，開玩笑說：『孫兄是否怕我等得其真訣？』孫祿堂笑應：『哪有真訣？只聽先達常說若得內勁之妙，可感而遂通，至此則無訣竅可言。』

言罷，三人依次搭手相試，楊少侯、楊澄甫皆來不及應，被孫祿堂震得飄然而出，落地仍有旋轉之勢，楊少侯、楊澄甫、陳微明當場皆深服，楊澄甫更稱道，孫祿堂之內勁非棉裡裏鐵而是棉裡裏電！」

楊少侯（1862年～1930年）、楊澄甫（1883年～1936年）是楊健侯的大兒子與三兒子，是楊家太極拳楊露禪之孫，也是楊家太極拳第三代傳人，二人對於太極拳的造詣是很深的，楊少侯的冷脆勁也是眾所周知的。

楊少侯，性情直快剛烈，比較好強好勝，推手時喜發

人，精擅散手，好出手即攻，教人亦然，學習者多不能受，故從學甚少。

楊澄甫，有一段塵封的秘密典故，1931年南拳名師蕭聘三在國術館內教學生打黑虎拳，他大喊幾聲，腳下一用力，下面的磚塊都成了碎片，學生一起鼓掌叫好，聲音驚動了還在睡覺的太極拳名師楊澄甫。

楊當時是國術館的教務長，他披衣出門大聲責問：「什麼事，這麼吵？」聘三便回答說：「是我在教學生練習黑虎拳。」楊說：「這種東西有什麼用！」這句話惹惱了蕭聘三，他當即提出要與楊比武。楊說：「好，你就在我的肚皮上打三拳吧！」蕭聘三運足勁一拳打在楊的肚皮上，楊的臉上露出了痛苦的狀態，蕭繼續打第二拳、第三拳後，楊右手緊捂住肚皮，左手一掌飛出擊在蕭的心窩處，口吐鮮血。

此後，兩位名師都由於傷情嚴重，1933年蕭聘三逝世，而楊澄甫也在1936年病逝。兩位名師為了這樣一樁小事，而遭受重創，並都過早的去世了。這導火線就是因為楊澄甫輕視、也低估了蕭聘三的拳術沒什麼用，導致雙方都亮出了自己的絕招。兩位先生的早世是中華武術的重大損失。

孫祿堂初學形意、八卦，後習太極，三家拳術都有很高的成就，其著作有形意拳學、八卦劍學、拳意述真等。孫錄堂崇信佛法，晚年隱居鄉下，預言自己去世之日，不食者兩旬，臨終時，面朝東南背靠西北，端坐椅上，囑家人勿哀哭並曰：「吾視死生如遊戲耳。」於1933年清晨六

時五分含笑而逝，孫祿堂是修學佛法有成就之人。

孫祿堂的功夫，依維基百科的記載，孫祿堂的內勁及推手功夫是更勝於楊少侯、楊澄甫的，所以在依次搭手相試，楊少侯、楊澄甫皆來不及應，被孫祿堂震得飄然而出，楊澄甫更稱讚孫祿堂的內勁非棉裡裹鐵，而是棉裡裹電！

內勁是什麼？內勁是棉裡裹電；內勁是什麼？內勁是感而遂通。若得內勁之妙且能神而明之，則可感而遂通。

什麼是感而遂通？太極拳論說：「由著熟而漸悟懂勁，由懂勁而階及神明。」階及神明的階段就是感而遂通的階段，也就是真正的懂勁階段。

感而遂通，在太極拳及內家拳來說，於推手或實戰中，雙方接觸的剎那，不必刻意的透過意識的思維，而能作出自然的反應措施，達到防禦與攻擊的效果，甚至可以感應預知即將發生的一切狀況。說的玄妙一點，就如孫祿堂的預知時至，念佛往生一般。

預知時至是修行的高層境界；感而遂通、階及神明是太極拳及所有內家拳的至高境界。

感而遂通與階及神明的懂勁境界，它的前提是內勁先要成就，由著熟而成就內勁，而漸悟懂勁，而感而遂通、而階及神明。

內勁如何成就？太極拳行功心解說：「以心行氣，務令沉著，乃能收斂入骨。」所謂收斂入骨就是氣的融合凝聚，被收藏於筋骨脈膜之內，成為一種電能的結晶，這個被收斂而沉藏於筋骨脈膜之內的電能結晶體，即為內勁。

內勁是武術上的稱謂用語，在物理學上稱之為電能，是一種潛藏於筋骨脈膜的內在能量。

這個內勁能量是如何成就的呢？要以清淨的心去行功運氣，而且重點是「務令沉著」。太極拳及所有內家拳為什麼都要講求鬆柔？目的就是為了令氣沉著，終久而凝聚匯集，而成就內勁。

孫祿堂拳論云：「道藝之用者，心中空空洞洞，不勉而中，不思而得，從容中道，而時出之。『拳無拳，意無意，無意之中是真意。』心無其心，心空也；身無其身，身空也。古人云：『所謂空而不空，不空而空，是謂真空。』雖空，乃至實至誠也。忽然有敵人來擊，心中並非有意打他，隨彼意而應之。拳經云：『靜為本體，動為作用』，即是寂然不動，感而遂通，無可無不可也。此是養靈根而靜心者所用之法也。夫練拳，至無拳無意之境，乃能與太虛同體，故用之奧妙而不可測。然能至是者，鮮矣。』」

孫祿堂先生是修行人，不只拳藝精深，他的拳論充滿了修心養性的脫俗禪意，他說，拳道技藝的修煉運用，要心中空空洞洞，而且要做到不勉而中，不思而得，從容中道，而時出之。

「不勉而中，不思而得，從容中道，而時出之。」語出中庸。

中庸第二十章之五經文：「誠者，天之道也；誠之者，人之道也。誠者不勉而中，不思而得，從容中道，聖人也。誠之者，擇善而固執之者也。」中庸說，所謂的

誠，就是天理本然之大道；要做到這個誠，就是人道必修
的路徑。

　　誠者不必刻意勉強去求就能達到天道，不必用心去思
維顧慮，處事就能自然從容的合乎中道原則，這就是聖人
的境界。從人道而達於天道的聖人境界，就是要選擇至善
之道而堅守的。

　　心中空空洞洞，無思無慮，不勉強做作，行事要從容
符合中道原則，身體才能鬆淨自然，這樣體內的丹田氣才
能順暢流行，沉著而聚斂。從容，就是沉著，從容不迫、
從容中道就是沉著的表現；「從容中道，而時出之」就是
要時時顯露從容不迫沉著的氣度與事事表現不偏的中道原
則。

　　「而時出之」語出中庸第31章：「溥博淵泉，而時出
之。」溥博，周遍而廣闊之意；淵泉，靜深而有本也。而
時出之，像泉水時時流出。大意是說：聖人的德性周遍廣
闊，幽靜深邃，而且像泉水一樣的時時顯露出來。

　　做人或行天道，固然須「不勉而中，不思而得，從容
中道，而時出之。」練拳也是同一道理，更要心中空空洞
洞，鬆鬆柔柔，不要打妄想，內心無雜念。

　　「拳無拳，意無意，無意之中是真意。」這句話是充
滿禪意玄機的，一般講太極拳或內家拳都是要用意的，而
且要意在拳中，這是指在初練階段，孫祿堂先生說這拳論
時，拳藝已達高峰，已經深化，已經超越一般凡俗，所以
才會說「拳無拳，意無意，無意之中是真意。」無論是在
拳架或實戰時的運用，是不能有過度的刻意執著，而失去

沉著與鬆柔，形成氣的滯礙與虛實的靈活變化。

為何說「無意之中是真意」？乍聽似乎有些矛盾，然而真意確是在無意之中，只有無意之意，才是真意。

無意與真意，是兩個絕然不同而且對立的名詞，然而，真意確在無意之中，只有在無意之中，才有超然的自然反射作用產生。

為何這樣說呢？因為我們的意識及所有的思維，都要透過大腦的傳遞過程，這個傳遞過程是有時間性的，在我們的六根觸到外面的六塵時，所產生的影像、音聲、觸感等等，都是經過大腦的回傳機制，才能得到了知、明白，再由意識去思維、判斷、整理，而做出一個決策來，這個過程雖是極為快速短暫，但總是有時間的流轉，產生時間差，這個時間差的長短，就會造成反應的快慢速度。

在推手或實戰中，反應慢的就要被反應快的人打出去，成為敗勢。

無意之中的自然反射作用，是不用經過大腦的傳遞訊息，就能隨機做出正確的反應，就像被電擊一般，在觸電的剎那，你要縮手回來已經來不及了。所以說，無意之意才是真意。

筆者有一次跟一師兄弟在一起運動打拳，他突然頑皮起來，兩掌向我胸部按打而來，我當時是完全沒有防備的，只是氣一沉就把他震出倒地，他的大拇指有扭傷，他也沒有在意，看了骨傷科後就沒去理它，結果後來因為關節有破裂，骨汁流出，衍生成骨質增生，壓迫到神經，經過開刀手術後才治癒。但是我在往後的推手或比賽中，卻

不能再有這樣神奇的表現，為什麼呢？

因為在推手陣中或比賽中，有勝負的心理壓力，心中不能保持空空洞洞，心有所想，則氣不凝聚，這都是落在「有意」的範疇之中，你越在意，就越有疙瘩，心中有一塊石頭矇著，就會有無形的滯礙滋生，就不能有「感而遂通」的神而明之的境界。

心無其心，身無其身，是為真空。真空不空，它有自然反射作用含藏，因為，雖空，乃至實至誠也；因為，誠者不勉而中，不思而得。真空才可致誠，至誠才能不勉而中，不思而得，才會有感而遂通的神明境界。

「忽然有敵人來擊，心中並非有意打他，隨彼意而應之。」有敵人突發性的來攻擊我，我心中並無打他之意，只隨他的來意而因應之，這就是感而應之，隨著他的來意而自然的回應，所以這之中是沒有自己的意念在內的，也就是說，自己沒有刻意的去做出防衛或攻擊的動作，這就是從容中道，不思而得，不勉而中，完全是一種自然的反應，擁有這種心中無思無慮而沉著從容的寂然不動的安靜本體，才能有感而遂通的動作呈現。所以，練拳要練到無拳無意的境地，才能與太虛同體，所以說能做到無拳無意與太虛同體的體用是奧妙不可測量的，因為這是養靈根而靜心者所用之法也。

形意拳經云：「固靈根而動心者，武藝也；養靈根而靜心者，修道也。」

什麼是靈根？

修煉仙道者說：靈根就是人降生世間與天界連繫的

線，也叫做天地線，天地線在出生時就會被隱藏起來，以
免今生的因果受到干擾混亂；天地線斷了，表示人就往生
了。

有一首七言詩〈松竹坪〉：

長松修竹翠凌雲，

不受人家灌溉恩。

縱或四時霖雨少，

奈他天地結靈根。

這首詩的涵意是說，松竹生長在地勢很高的坪林上，
雖然缺乏雨水甘霖灌溉，但它的根受到天地靈氣及日月精
華的滋養，依然能夠生存茁壯。這詩是以松竹而喻做人的
節氣，不受別人的恩惠，而能自立自強，如松竹之受天地
靈氣而長養自己的靈根。

以人的立場而言，靈根乃泛指精氣神本體，也就是我
們生命的根源。「固靈根而動心者，武藝也。」是說堅固
了精氣神之生命的根本，但卻起了妄心動了雜念，這樣的
功夫，只是縮限於武藝的層面範圍。「養靈根而靜心者，
修道也。」乃指能夠修養生命的根本，而內心寧靜無為
者，是為修心養性的修行人。

「夫練拳，至無拳無意之境，乃能與太虛同體，故用
之奧妙而不可測。然能至是者，鮮矣。」說到練拳，如果
能達到無拳無意的境界，才可以與宇宙無形的虛空合為一
體，與大道相融。

所以，拳藝的奧妙是難以測量的，是不可思議的。但
是能達到這個境地的人，非常的稀少。

　　無拳無意之境，是一種修行的境地。一般練拳的人，多偏重於功體的求取，注重功夫的成就，要技藝勝人，成為世界高手，成為武林第一，視此為練拳的唯一目標。所以，在功夫稍微有成時，就到處找人比高下，到處去踢館，想一夕成名。其實這只是武夫的行徑，不是武術家的格調。

　　在爭名求勝的心態影響之中，心境是不得安寧靜定的，體內的氣也是散漫而不能集結的，這樣也就更不能達到與太虛同體的境地，更不能達至感而遂通的神明境界。

　　楊少侯，性情剛烈，好強好勝，出手不留情，所以功夫雖好，離感而遂通的境界尚遠。

　　楊澄甫輕視他拳，低估敵情，與蕭聘三拼武比鬥，兩敗俱傷，成為一樁武林憾事。這都是心不清靜，沒有養靈根的練武者。

　　孫祿堂是個武術家，對於形意、八卦、太極三家拳術均有高深的造詣，而且注重修心養性，於佛法有很高的成就，往生時，預知時至，念佛含笑而逝。

　　練武者，尤其是內家拳的修煉者，除了內勁功體的培養之外，還得走修行的路，要心靜無為，不要爭強鬥勝，不求虛名。心能靜定，寡慾無求，這樣才能與太虛同體，才能拳無拳，意無意，才能感而遂通，達到階及神明的懂勁境界。

　　內勁有成就者，一般都稱之為「棉裡藏針」或「棉裡藏鐵」或「棉裡藏鋼」形容柔中有剛之意。楊澄甫稱讚孫祿堂之內勁，非棉裡裹鐵，而是棉裡裹電，這是更深一層

的形容讚嘆。

不管是針、是鐵、是鋼，這些都是屬於堅硬的物質，在實際運用上。這些堅硬的物質，雖然質地堅剛，但是缺乏機動性與靈動性。所以，用「棉裡藏針」或「棉裡藏鐵」或「棉裡藏鋼」來形容內勁並不完全適當，因為，內勁除了極堅剛之外，它的靈動性不是針、鐵、鋼所可比喻的。

電則不同，電的爆破力，遠比針、鐵、鋼強過千萬倍，而且，電的靈動性，也比針、鐵、鋼更勝千萬籌的。

電，你一碰觸到它，它就會自然的放出強烈的火花來電擊你，不會像鋼、鐵、針，那樣頑魯遲鈍。鋼、鐵、針雖然堅硬，但是運作反應卻是滯怠的，是不如電的。

孫祿堂的內勁功夫，誠如楊澄甫所稱讚的「棉裡裹電」，電的隱藏性，是肉眼看不到的物質，彷彿內勁藏在骨內，看不到，但是要用的時候，卻能疾速的提供能量。

太極拳泰斗吳圖南先生，在他的著作《太極拳之研究》一書有描述到生物電，他說：「練太極拳是有氣發生出來的，按現在研究，就是生物電。…人們在沒練太極拳之前，身體上一平方毫米的皮膚上的毛細孔只開放七、八十個，可是透過真正的練……，這樣鍛鍊大約一分鐘的時間以後，再看原來那一平方毫米的皮膚，則毛細孔可以開放到幾千個……，都在營毛細孔的呼吸……，當我們周身營氣體交換時，就可以產生生物電……，當你的功夫愈深，你的氣，生物電就愈強大，它也是太極拳在應用時變化很快的動力。太極拳變化為什麼很快呢？因為它所產生

的生物電是微波，微波不能以一般的方法來計算速度的，因為微波一秒鐘要走三十萬 公里。」

從吳圖南先生對太極拳的研究，可知練太極拳，練對了就有氣生出來，有生物電會產生及累積，功夫愈深，生物電就愈強大，在應用時變化就愈快，因為所產生的生物電是一種微波，微波一秒鐘可以走三十萬公里。

由此邏輯推理，孫祿堂的內勁功夫是極其深厚的，他的皮肉之內的骨，藏的是一種電能，一種生物電，內勁功夫愈深厚，生物電就愈強大，在應用時變化就愈快，所以楊少侯、楊澄甫搭手相試，皆來不及應，被孫祿堂震得飄然而出，落地仍有旋轉之勢，就彷彿被電擊中一般。

想成就渾厚內勁生物電及微波的快速功夫，除了練氣之外，還要練心，心要至實至誠，空而不空，不空而空，寂然不動，才能達到感而遂通的神明境界。

第十六章

太極拳在悟些什麼？

太極拳是智慧的拳，是要去求悟的，如果不能悟得拳理中的深意及密意，雖然表面上看起來是很認真的在練拳，而事實上，因為練錯了方向，以及沒有悟得拳中義理，而致事倍功半，或唐捐其功，以至於練了一輩子的太極拳，卻沒有得到真正的功夫，最後甚至於落到貶抑太極拳、批評太極拳為不具功夫及不能實戰的拳術，認為太極拳只是一種健康養生的體操運動而已。

時至今日，太極拳猶被一些不明究理的人，譏諷為女人拳、豆腐拳、老人拳，這實在是非常令人感到悲哀與噓唏的事情。

練錯了方向是太極拳最大的悲哀，因為方向的錯誤、因為背道而馳的關係，離太極拳武功的成就將會越來越遠。譬如，重力的練習，推樹、推牆的練習，砍磚、撞胳臂的練習等等，這些林林總總的練習，大部分都是屬於類似硬拳系統的練法，與太極拳是風馬牛不相及的，但是，這些練法到現在卻還被無知的偽師所倡導，還被誤人子弟的邪師所大力宣揚，這實在是令人感到無可奈何的，而那些無辜懵懂的初學者，就如此被踐踏、被犧牲了，就此與太極武功的成就絕緣了。

重力的練習，推樹、推牆的練習，砍磚、撞胳臂的練習，都是要耗力與耗氣的，而太極拳主要的目標，是在養氣與聚氣的，是在培育內氣能量的，也只有儲備了飽滿圓實的內氣，才是成就太極武功內勁能量的基礎，也是太極拳功體的基礎。

然而，這些反向的重力等等的練習，是會折損消散內氣的，對於太極拳的鍛鍊，是有害無益的，所以這些濫竽充數、偽裝冒牌的邪師、惡師、劣師實是戕害太極拳武功推展的原罪者，也是阻礙太極拳武術發展的擋路石。

重力練習，推樹、推牆、砍磚、撞胳臂的練習，會使骨頭、肌肉僵化，使皮膚神經反應遲鈍呆滯而不靈敏。太極拳除了練「功體」之外，還要練「致用」的，要「體」、「用」雙修。

在用法方面，基礎功夫就是「推手」，而推手主要的目的，是在成就「聽勁」，聽勁不是用耳朵去聽，而是用皮膚神經的觸感，去察覺探照，去感應對手出力的大小、方向以及種種虛實的變化等等，而做出正確適當的防衛與攻擊措施，達到保護防身的效果。

太極拳不是以力取勝，而是以四兩去牽動千斤，太極拳練的不是千斤的破銅爛鐵；太極拳練的是，四兩的火藥爆破能量－內勁（功體），太極拳練的是探知敵情、命中目標的箭矢、子彈。所以，如果這個練法、方向錯誤，那麼，所謂「差之毫釐」，將會「謬以千里」，學者不可不詳辨焉！

太極拳求悟的重點有哪些？

第一、要有正信，確信內勁的實有：

正信，包括正確的信仰與正確的見解，做任何一件事，不能缺少信心。

佛教《大智度論》云：「佛法如大海，唯信能入。」華嚴經云：「信為道源功德母，長養一切諸善根。」學佛有信、解、行、證四步功夫，正信是第一手功夫，是學佛的原動力，也是成就佛道的必備條件。

學太極拳也是一樣，要先建立正確的信仰、信心，要確信內勁的實有。那麼，要從哪裡去悟入內勁這個東西是確實存在的？很多練太極拳的人，對是否真有內勁，是存著半信半疑的態度，心中如果起了一個「半疑」，就會阻礙練習的熱度與信心，無形中就會喪失了成功的契機。

對於內勁之有無，要從太極行功心解第一句話去悟，行功心解開宗明義就說：「以心行氣，務令沉著，乃能收斂入骨。」這個「收斂入骨」就是我們要去參入的重點，是甚麼東西被收斂入骨，當然是「以心行氣」之後的「氣」，這個氣，透過我們的吐納，用清淨的真心去行運，透過「沉著」的練功法訣，使體內的真氣達於騰然的境地，終而滲透於筋骨之內，這種能量的蓄積，就是內勁的累成。或許有人會懷疑「氣騰然」這句話，對氣的騰然始終存疑，那麼我們可以從俗話「熱血沸騰」一語來求悟。血由氣之驅而行，氣血不相分離，所以血沸騰，氣是當然沸騰。

太極十三勢歌云：「刻刻留心在腰間，腹內鬆淨氣騰然。」你只要丹田腹內鬆淨了，以及前提的：「刻刻留心

在腰間」，時時留意丹田氣的沉守，如果能刻刻留心，能夠腹內鬆淨，那麼氣之騰然是可預期達致的。行功心解說：「腹鬆，氣斂入骨。」腹鬆是指丹田氣的鬆淨，以及順遂，當腹內的丹田氣鬆淨順遂而且能量累積飽滿時，自然會有騰然現象產生。

行功心解又說：「牽動往來，氣貼背，斂入脊骨。」打太極拳在牽動往來之中，在往復摺疊之中，不僅可以使氣貼於背脊，也可以氣遍周身，不僅可以令氣斂入脊骨，也可以斂入全身的筋脈骨骼，這是合於邏輯的。所以，透過太極的修煉，而令氣斂入於骨，是可以被相信的，若是不信祖師之語，不信經論之言，缺乏主見正信，則練拳無益矣。

第二、太極拳經所謂的「其根在腳」到底在說甚麼？

太極拳經云：「其根在腳，發於腿，主宰於腰，形於手指，由腳而腿而腰，總須完整一氣。」這句話幾乎是練太極拳者都能朗朗上口的，但能悟入、悟透的人並不多，大部分人所能體會的僅止於打拳須由腳根發力，然後由腳而腿而腰，最後上傳到手。那，這個根到底要如何「使」才能發揮作用；這個根要如何練才能成就功體，是較少人去探究的。

「其根在腳」，這個根，這個腳，是指樁法而言，是指樁功的成就而言，也只有樁法正確，樁功落實成就了，才有「其根在腳」這碼事，也才有「其根在腳」的說法，若不是這樣，那麼所言之「其根在腳」都還落在腳根用

力的範圍，都還侷限於拙力的範圍。使用拙力的「其根在腳」，並非真正的「其根在腳」。

椿功的成就，是經由站椿的修煉，令丹田之氣，下沉而斂聚於腳底，這個氣是要入於腳椿的，這個椿是要能深入於地底的，它是確實而實有的，它是確實能被所用與利用的，所以，如果沒有椿功的成就，那麼，所言說的「其根在腳」，都是凡夫的膚淺表面說詞，非真正的「其根在腳」。

一般人在說「其根在腳」，大多泛指拳架而言，力量要由腳根輸運上來，由腳而腿而腰，再形於手。

然而，在沒有椿功基礎前提的拳架，只是空幻的體操運動，與太極拳還兜不上邊的，這時候，所言談的「其根在腳」都是屬於形式上的，並非實質的「其根在腳」。

具備椿功基礎的拳架，其根在腳才能真正被落實，因為打拳架是要運到腳根的椿的，也就是說，打拳是需要運椿的。運椿，是運用椿法去練習拳架，運椿是藉由「其根在腳」的腳根，行使二爭力，利用兩腳的撐蹬暗勁，去借地之力，形成一股反彈摺疊勁，用這樣的運椿方式來行運拳架，才能達到練拳的效果。

所有拳架的練習，它的源頭就在腳根，如果椿功沒有成就，則無法以腳根的暗勁去運椿，沒有運椿的拳架，是無法成就內勁的。

廣義的說，「其根在腳」是涵蓋發勁用法之中的，你要發勁，一定得運到腳椿的，也就是說，在發勁時，由於意念的作意，剎那間引動丹田氣而入於腳椿，這個椿同時

深入地底，藉著觸地所引生的反彈摺疊，回傳，經腳、腿、而腰、而手，一貫整勁同步爆發，這才是真正的發勁。

　　這個由腳而腿而腰，形於手，牽涉到上、中、下三盤的根，下盤的根是腳，中盤的根是腰胯，上盤的根是肩胛，這三盤是相牽相聯的，是不可分離的。為什麼說「主宰於腰」？因為腰是丹田氣的貯存地，藉由意念的引動，將氣挹注到腳根，由腳根的暗樁打地，產生摺疊反彈勁回傳到腿、腰、手。

　　所以，廣義的說，「其根在腳」它的根是涵蓋三盤的腳根、腰胯與肩胛的，發勁時，丹田氣要同時輸運到這三盤的根，氣要落沉於三盤之根，這氣的落於三盤，才是真正的「三盤落地」，也只有三盤落地，才能完成真正的發勁動作。

　　發勁除了具備氣沉三根的三盤落地功體，還得要學會「打樁」，講明白一點，就譬如你擁有一支寶劍，你得知道要如何去使，才能發揮寶劍的功用。

　　在樁功基礎成就後，要練習打樁，而且要會打暗樁。所謂「暗樁」就是打樁時外表看不到打樁的動作，看不到抬腳打地的動作，只是意念的一個作意，已然將丹田氣同時深植地底，完成打暗樁動作。

　　練習打樁，在樁功成就之後，必須由高明的師父餵勁，你才能明白樁是如何的打。

　　拳經在：「其根在腳」，這一段文句，雖然沒有明說發勁要打樁，然而它已囊括了打樁的實質內涵，因為只有

椿功成就了，下盤的腳才能落地生根，才能借地之力，這個借地之力就是指打椿而言，如果沒有借地的反彈摺疊之勁，如何由腳而腿而腰，形於手指？

拳經在這一段的後句說：「由腳而腿而腰，總須完整一氣。」所謂完整一氣，就是一股氣的連結凝聚瞬間爆發，只有氣爆的打椿，才能完整一氣，只有以丹田氣的鼓運爆破，引氣入「其根在腳」的腳，去打椿，所產生的反彈摺疊勁，這樣才能達於「完整一氣」的境地。

所以，拳經所謂的其根在腳，不是指蠻力的去推人，也不是侷限於拳架的運作而已，它是涵括發勁而說的，這個發勁，不是以蠻力推人而出的，而是在椿功成就後，藉丹田氣的運勁鼓盪去打下暗椿，一貫而出的爆破，才是真正的「完整一氣」，才是真正的「其根在腳」。

「其根在腳」是以立足點而言說的，在站立時是以腳為根，在跪著的時候是以膝蓋為根，坐著的時候是以臀部為根，躺著時候是以背脊為根，要能融會貫通，舉一反十。

總括而言，拳經這一句「其根在腳，發於腿，主宰於腰，形於手指，由腳而腿而腰，總須完整一氣。」是指著三盤而說的。

其根，就是下盤的腳根，是指椿功而言；主宰於腰，是指中盤的丹田氣，丹田氣是運氣、運勁與發勁的主宰，沒有丹田氣做為主宰，則一切都是空談；形於手指，是指手的掤勁而言，掤勁成就了，才有發勁的本錢條件。這上、中、下，三盤的功體都成就了，在運勁或發勁時，還

得完整一氣，根根相連，氣息貫通，才能發揮整體效用。

第三，行功心解所謂的「往復須有摺疊」、「曲中求直」、拳論所說的「隨曲就伸」，與「阻力、二爭力」的相互關係。

何謂「摺疊」，為何往復要有摺疊？

摺疊不是如某大師說的，手臂相沾，互相翻覆，以及說翻雲覆雨就是摺疊的變相，這樣的說法是值得置喙的。

往復，就是來來去去，往往返返，在往復之中，形成一個摺疊，這個摺疊，事實上並不是把它摺起來或疊起來，而是在拳架的行進往復來回之間，使身體各個關節形成一個折衝，也是一種反彈，一種反作用力道。就像海浪，前浪去了，後浪趕來，前浪又折回來，與後浪形成一個衝撞，擊碰出壯烈浪花。又像火車，車頭領著車箱緩緩而行，車頭停頓往後駛，就會與尚在前進的連結車箱互撞而擊出火花。

我們打拳，是其根在腳的，由腳帶動，由腳而腿而腰，形於手，這個行進的時空是有前後差別的，下盤先帶動，中、上盤隨行，所以在往復之間，就會有一道折衝的撞擊點，就是把前行折回的力道又疊推回去，因而產生極倍的氣感與力道，也因為如此，而增加氣場的流行與內勁的累積。所以，行功心解才會說「往復須有摺疊」，有了這個折衝的回馬炮所引生的摺疊擠壓，才能快速增進氣場而成就內勁。

肢體各個關節的摺疊，是狹義的說法，廣義的說，摺

疊的內涵，是體內氣場氣流的摺疊，氣的流行運作，也是有前後順序的，也會形成往復的折衝，要善用主宰於腰的丹田氣，去鼓盪、壓運、內轉，而令氣產生摺疊效應，加強氣血循環，而令氣騰然，而匯聚內勁能量。

鞭的使力抽撻以及彩帶的舞弄，是另一個形態的摺疊，仍然依靠一個根的舞作，及勢力的導引，構成摺疊架勢。這個摺疊依然是憑藉著「往復」的機制而使然成辦，所以這個「往復」是涵蓋著前後的往復、左右的往復、上下的往復、順勢而去的往復、以及立體圓弧糾纏的往復。

什麼是「曲中求直」？

曲，是微彎不直，曲是能量的蓄積，是蓄勁之意，勁必須曲蓄才能有餘的，才能用之不盡的。曲，不僅是身體各個關節的曲蓄，還涵括丹田氣的曲蓄，這個丹田氣是要往復摺疊的，是要曲折迂迴的求直，並非手腳伸直或身體放直，而是說在曲中還是要伸筋拔骨的，使筋骨伸拔拉扯鬆開，讓氣盈滿。

所以，這個直，並不是僵直、頑直，而是一種拔直，譬如頸椎要撐直，要頂頭懸，脊背要拔直，要立身中正，這個直，是涵蘊著氣與掤勁在內的，不是殭屍式拙滯的直。

什麼是「隨曲就伸」？

曲而後伸，就稱之為隨曲就伸，也就是由曲蓄而至伸拔之意，曲而後伸或伸而後曲，之中就涵蘊著往復摺疊，曲而後伸，能營造出摺疊勁及彈簧勁；曲，是一個拉弓狀態，是一種蓄勁狀態；伸，是一種放箭狀態，是一種發勁

狀態。

　　隨曲就是隨勢曲藏，是順勢接應，是一種借力行為，譬如，你要跳躍，必須先曲身蹲低，借力順勢而跳，所以這個「曲」是蓄勢待發的狀態，是一股預備行動的一股沉斂力勢。隨曲，是預備而蓄勢的，就伸，是就緒的行動。

　　太極拳的發勁，不是直來直往，是隨曲就伸的，所以，在隨曲就伸中，已然涵藏了摺疊成分在內，而且，依藉這個摺疊，所引生的反彈勁，其威力及速度，是一般的直力出拳方式，所無法比擬的，這個摺疊所引生的反彈勁，它的威力如同子彈的爆破；它的速度之快才是真正的「唯快不破」的快。

　　阻力，是練勁的思維與凝想，阻力，是一種自我營造模擬的行動。練拳如果不能自我營造出重重疊疊的阻力，體內的氣場將成落空狀態，也就是說你感覺不到氣的流行與擴展，也無法使內氣達到騰然效果，也因此而無法蓄積能量而成就內勁。

　　划船，因為槳深入水中，在划動時，由於水的壓力而產生阻力，若沒有這股阻力，船是無法向前推動的。

　　打太極拳要像在陸地行舟一般，要把空氣當做水，自己要去模擬營造出強烈的阻力。自己要去凝想，我這拳出去時，好像有一道阻力阻礙著，就像打針推針管一般，因為真空的阻礙，讓你使不出力，致使必須更加強使出一股暗勁去推動而前進。打拳如果這股阻力沒有被營造出來，就得不到練拳的效果，不是真正的太極拳，只能說是體操運動而已。

把阻力營造出來，使周邊的空氣去壓縮身體，而至與體內的氣相互壓縮摩蕩，而產生熱能及電能。

阻力要如何去營造呢？

這又牽涉到其根在腳與二爭力的理論，身及手的動作，必須由腳根來帶動，依藉著前後撐蹬，或左右撐蹬，或迴旋撐蹬的二爭力暗勁去撐蹬，由於暗勁撐蹬的關係，阻力就出來了。

然而，這個二爭力所營造出來的阻力，是由腳的暗樁所成就的，所以，樁功是成就二爭力的基盤，沒有樁功，腳盤無根，則無法使出暗勁去行使二爭力，也就不能營造出阻力而成就內勁。

阻力是靠著其根在腳的暗樁以及丹田氣去運為，由內而外，才能營造出來。阻力產生的另一個因素，就是「拖曳」機制，也就是「太極不用手」的機制，打太極拳不是真的不用手，而是說手是處於被動的地位，不論手身、腰胯、腿等都是要被其根在腳的腳所牽動，這些手身、腰胯、腿等都是要被腳根拖曳而後動。

在樁功有成就時，只一作意，領著丹田氣下注於腳根，運上暗樁，由腳而腿而腰而手，這種由暗樁所運為的拖曳，就會有阻力的感覺產生，打拳全憑感覺，這個感覺，要靠自己去領悟，而領悟的前提，是要先打下基礎功體，如果只是成天的胡亂思維，憑空想像，是無法成就功夫的。

行功心解說：「牽動往來氣貼背，斂入脊骨。」這邊所說的牽動往來，已然涵蓋了拖曳的內質，由於腳根暗樁

的拖曳，在不斷的往來之中，就涵納了曲中求直、隨曲就伸及摺疊等等的內涵，在肢體與丹田氣的往復來回折衝之中，使得行動中的阻力更為強烈，丹田氣及全身之氣場，受到這些擠壓、折衝、擰轉，使得腹內之氣產生了動能以及電能，而令氣貼於背脊及全身各處，此則謂之氣遍周身，而致騰然，終而斂入脊骨，成就內勁能量。

第四，極柔軟與專氣至柔的因果關係。

行功心解說：「極柔軟，然後極堅剛。」意思是說練太極拳，透過極柔軟的行功運氣法訣，在努力用功甚久之後，終而成就了極堅剛的內勁。反過來說，欲成就極堅剛的內勁，必須透過極柔軟的行功運氣要訣，去施為運作，才能成功的。

如果不以極柔軟運功法訣去施作，而去練那些土法煉鋼式的重力練習，或練打沙包、擊牆、砍磚、推樹、撞胳臂等等作略，到頭來，只練就一身的蠻力，與太極拳的極堅剛內勁絕緣。

何謂極柔軟？軟趴趴的頑鬆，不可謂極柔軟，因為那只是體操把玩舞弄運動，永遠無法練就太極內勁功夫。

練太極拳為何要極柔軟呢？因為那些粗暴的重力練習方式，是耗力與耗氣的，會使得體內氣場散亂而不集結；只有真正的柔軟鬆淨，才能使氣血暢通流行無礙，才能使氣沉著、匯聚而收斂入骨，而成就內勁，內勁成就後，再透過運勁的練習，終於百煉成鋼，終而能達到極堅剛，無堅不摧的境界。

極柔軟是有前提要件的，那就是「專氣」，只有專氣才能致柔，只有專氣致柔後的「極柔軟」，才是真正的極柔軟，沒有透過「專氣」的練習，所有的柔軟都只是頑柔，所有的鬆都只是頑鬆，都是不切實際的鬆柔，都還圈限於體操模式的範圍。

所謂「專氣」就是將體內之「氣」專集、統攝、蓄藏起來，是將寶貝的氣與心相守於丹田，不離不棄，心息相依，好像母雞孵蛋一般，使氣產生熱溫，以及難思難議的電能。

「專氣」為何能「致柔」呢？因為氣能驅血而行，令血溫熱，達到氣血騰然狀態，氣血騰然了，就會滲入骨髓筋膜之內，使骨髓充盈，筋膜富有彈性，更而達到柔韌的效果，這就是老子所謂的「專氣致柔」的道理，能專氣致柔，就能返老還童，像嬰兒一般。

練太極拳，大家都只知道要「鬆」，但無法真正體會鬆的真義，以為軟趴趴的不用力就是鬆，他們都疏忽了「專氣致柔」的道理，沒有專氣致柔的鬆，是一種頑鬆，是一種懈怠，不是真正的鬆。「頑鬆」的太極拳，因為缺乏專氣，故不能致柔，無法成就太極內勁功體，只是白練一場罷了。

太極拳，外表看起來是大鬆大軟，內裏卻是暗潮洶湧的，是催筋拔骨的，在鬆柔之中，有氣的吞吐、蓄蘊、鼓盪、摺疊，虛實轉換，以及阻力、暗樁、二爭力之互動，內涵是非常精緻細密的，絕對不是空無一物的頑鬆。

所以，在「極柔軟」當中，要有這些細緻的內涵，否

則無法成就「極堅剛」的太極內勁功夫。

第五，虛實與雙重之病的思悟

太極拳在應用的時候，首重於虛實的變化莫測，所以絕對不是某師所謂的：「全身重量只許站在一隻腳上，如果雙腳同時用力，就是雙重，就是犯了太極拳的大病。」如果重量只許站在一隻腳上，則將變成一種固定的死法，是一種不求變通的冥頑之法。虛實貴在變化，而變化貴在神明莫測，讓對方不知你的底細，讓對方落入一種無底的深淵，不知所措，這樣你才可以百戰不迨，可以百戰百勝。

在發勁攻擊的時候，兩腳同時用力之勢力，更勝於單腳用力；單腳用力反而會造成重心的不穩而失去中定平衡，成為一個劣勢敗跡，成為挨打的架子。

向前發勁，靠的是後腳的蹬勁打樁，然而前腳必須有往後撐勁之勢，這樣身子才不會往前傾去，而失去重心，被對手所採或捋，落於敗勢。所以，這個發勁，不論是向前按、擠、靠，或左右捋、挒，或向下採，或上掤等等，全身重量是不宜落在一隻腳上的，它的重量可分別為四六，或三七，或二八，或一九等，而且不論兩腳比重如何，都必須互有撐蹬的，都必須有虛實之分的。如果以陰陽之理而論，全身重量站在一隻腳上，屬於全陽無陰，不符合太極之理。

一棵樹木，要把它固定，不受風搖，一根棍子是固定不了的，必須有兩根或三根才好固定，這個互相撐持之

力，是物理原理，是力量平衡原理，是一種互相制衡的力量。所以全身重量站在一隻腳上的理論，是值得被討論探索的，不宜因為它是出至名師之口而直信不思。

太極拳論所說的雙重，並不是直指兩腳而言，如果只是以兩腳站立的比重相等而言雙重，那麼太極拳論的高度及微妙甚深的無上法理，將會被貶低。因為只要大家都把兩腳比重調整好，不要落入五五波的雙重局勢，那麼大家都將成為已悟之人，都將成為懂勁之人，豈不是個個都將成為太極高手了？

然而事實並非如此，多數人參悟一輩子，也不能成為懂勁之人，因為大多數人都是王宗岳老前輩所述的「雙重之病未悟耳」之屬員。

何謂雙重？雙，就是兩處，包括上下兩處、左右兩處、前後兩處、內外兩處。上下、左右、前後兩處是指手腳及身體而言，內外兩處是指體內丹田氣的分佈與外在的肢體而言。只要這些種種的兩處，同時被制，不能隨順化開而成為挨打的局面，這才是真正的雙重。如果兩腳這一處雖然站立的比重相等，但被打點這一處卻能隨順化開，這就不算是雙重的，其餘可類推。

手腳及身體這兩處，比較容易理解，體內分佈的丹田氣與肢體這兩處，比較不容易被理解。丹田氣的閉怠、糾結，不開擴順暢，會造成肢體的冥頑不靈，形成內外雙滯局面，才是最為嚴重的雙重，這是比較少人提到的。

太極拳論說：「欲避此病，須知陰陽……陰不離陽，陽不離陰，陰陽相濟，方為懂勁。」拳論說，想要避開這

個雙重的毛病，須懂得陰陽變化之理，陰不能離開陽，陽也不能離開陰，要陰陽相合相濟，明瞭這個到理，才是真正的懂勁之人。所以主張「全身重量只許站在一隻腳上，如果雙腳同時用力，就是雙重，就是犯了太極拳的大病。」就是不懂陰陽之人，因為全身重量站在一隻腳上，屬於純陽無陰，沒有陰不離陽，陽不離陰，沒有陰陽相濟，所以非是懂勁之人，所以是列屬「雙重之病未悟耳」之人。

　　陰陽貴在變化，陰陽的變化就是虛實的變化，在太極的實戰運用中，懂得虛實變化的人，懂得陰陽相濟之理的人，才可稱之為懂勁之人，如果一味固執的主張「全身重量只許站在一隻腳上，如果雙腳同時用力，就是雙重，就是犯了太極拳的大病。」斯類主張者乃是「雙重之病未悟耳」之流。

第十七章

發勁與等距加量

有師發表一篇論述，題目為「手腕的節節貫穿法」他說：

「假設手腕被對手抓握，向前運勁時除了一次傳送的方式之外，亦可比照放箭由箭尾向箭頭傳遞能量的方式，在傳遞過程中以等距方式運行。

操作方式，假設先由甲方握住乙方的手腕處，然後甲方暫時放手，讓乙方的手臂完全伸直，觀察測量由原握處所延展的長度距離後，由此長度做五等分（幾等份係自由設定），相等距離的拿捏，再由甲方抓握乙方的手腕。

被握者（乙方）手臂試行向前傳輸勁力，逐步增加（等距加量）每一等分的勁力，並向前延展伸直，在第五等分手臂幾乎全伸直之際，讓勁力傾巢而出。

如此運作加上時間訓練的要求，勁力快速滲透纏鎖對手身軀，且挾以增壓脆厲強大的勁力發放，對手幾乎都要被彈跳而出！」

筆者是這樣回應大師的：

「放箭是一蹴而至的，放勁分幾節等距乃理論之說，發勁實際上並無節距可言，其勁道之傳輸亦無等距加量之情，發勁的等距加量理論若可成立，那麼，是否將手臂分

成十等分或百等分，其威力豈不更大？而且，手臂全伸直，不見得能讓勁力傾巢而出，發勁與機械的等距加量是不宜擺在一起而比擬的。這是我的愚見，敬請指教。」

大師回答道：

「實作心得與想像推論，是不在同一層面的問題！我所有已面市的著作、文章或肢體運作的說明，都是我已歷經驗證的實作心得；若無實作心得，是不知道如何寫起的！」

實作心得與想像推論，確實是不在同一層面的，然而，若依大師字面上的論述，看起來似乎是偏於想像推論，但大師卻相反的強調這是他已歷經驗證的實作心得，是透過實作心得才寫出來的立論，而且大師更強調若無實作心得，是不知道如何寫起的。

一個人有無實作心得，有無實證功夫，可從他的論說及著作中看出端倪，但是這得要應了「外行看熱鬧，內行看門道」這句諺語，外行看到人家寫論出書就會以為了不得，但在內行眼裡是過不了檢驗的，他透過門道，可辨識真偽。但是有些人都很鄉愿，不肯得罪人，讓這些偽師去繼續誤導不識者及初學者。

陳鑫是一個典型的例子，陳鑫不會太極拳，但他的著作有《陳氏太極拳圖說》、《太極拳總論》、《太極拳經論》、《太極拳經譜》、《太極拳權論》、《太極拳權譜》等等。陳鑫不會太極拳這是有根據的，話可不能亂說的。陳鑫在他的《陳氏太極拳圖說》自序這樣寫道：「我先大人命我先兄諱垚習武，命愚習文。習武者武有可觀，習文者

文無所就，是誠予之罪也。夫所可幸者，少小侍側，耳聞目見，薰蒸日久，竊於是藝管窺一斑。」這是陳鑫在他的《陳氏太極拳圖說》自序裡所說的，他的哥哥習武，而他學文，他對太極拳只是耳聞目見而已。

太極拳一種高深的武術，必須長期的歷經親身的操練，始克有成，非耳聞目見而能得其玄妙。

1917 年太極拳泰斗吳圖南先生訪問陳家溝的陳鑫先生，在他所著作的《太極拳之研究》裏，有說到陳鑫要寫一本書，書名叫《陳氏太極拳圖說》，陳鑫自述不會太極拳也不會炮捶，他熟讀易經，把易經裏卦的變象寫出來，插上圖，再把家人練的炮捶湊在一起，就是太極拳了。吳圖南先生乃一代太極明師，相信他書中所述當無虛言。

陳鑫不會太極拳，照樣著作等身，真是匪夷所思。所以說，寫書立論不一定就有實作心得，不一定就有實證功夫，這得要內行才能看出門道。不管有無實作或實證，若有寫作發表，也得要符合太極經論之理，若違悖經論之說，非為正說。若無實證功夫，卻又想要擁有虛名，在自己虛構的理論上搬弄文字遊戲及數字遊戲，遲早要被識者所破而加以拈提。

太極拳經云：「一舉動，周身俱要輕靈，尤須貫串。」「毋使有缺陷處，毋使有凸凹處，毋使有斷續處。」「周身節節貫串，無令絲毫間斷耳。」這邊拳經重複的說，練拳及應用時都要周身節節貫串，不可有絲毫間斷的，不可有缺陷處、凸凹處及斷續處的。

所以，不論是運勁或發勁放勁，都得要節節貫串，而

且不能有絲毫間斷的。此師主張「運勁在傳遞過程中以等距方式運行，將手臂分成五等分，逐步增加（等距加量）每一等分的勁力，並向前延展伸直，在第五等分手臂幾乎全伸直之際，讓勁力傾巢而出。如此運作加上時間訓練的要求，勁力快速滲透纏鎖對手身軀，且挾以增壓脆厲強大的勁力發放，對手幾乎都要被彈跳而出！」

　　將手臂分成五等分的運勁方式，就是有了間斷，也有了凸凹及缺陷的，是不符合拳理的。而且，在第五等分手臂幾乎全伸直之際，讓勁力傾巢而出，這就是說在前面的四等分是一種力道，在第五等分時，才讓力量傾巢而出，這確確實實落於「有凸凹處」及「有缺陷處」的毛病之中的。而在實際的情境中，手臂力量的施為，是無法如此去分際力道的大小及時間流程的。

　　所以說，這個理論純是個人意識的思維推想，非為實作或實證而獲致的心得。

　　此師說：「亦可比照放箭由箭尾向箭頭傳遞能量的方式，在傳遞過程中以等距方式運行。」放箭是一蹴而至的，你拉弓一放手，箭矢就出去了，哪還有等距方式的傳遞過程。太極拳行功心解云：「蓄勁如開弓，發勁如放箭。」開弓與放箭都是一氣呵成的，若還有等距加量，恐早已被打落馬下了。

　　有人說：「放勁如放箭，那是形容詞，放勁分幾節等距論之說，是練習如何放勁，等到會熟稔放勁，就沒有分節等距，只有一。」

　　行功心解說發勁如放箭，是如實之語，並非只是一個

形容詞，有內勁實證功夫者，他的發勁確可如放箭一般的疾速，一而貫之的。

發勁、放勁實際上並沒有所謂的練習可言，內勁如果尚未成就，你去分幾節等距論的練習，都只是在練拙力而已，因為內勁是透過長期培育而成就，發勁是內勁成就後的果，內勁功體是因，沒有因，就沒有果，內勁有成就才有發勁之可言說，若無內勁的成就，而言分節等距加量之論，即成戲論。

沒有內勁功體的成就，就沒有運勁這一碼事，內勁無成就而言運勁的分節等距，事實上只是在運拙力而已。

內勁功體一旦成就，只要透過老師的餵勁，即能了知發勁的技巧，無須費時去練等距加量的斯技旁門。

第十八章

練太極拳需要一直談論陰陽嗎？

本文緣起：

拙作「陰陽貴在變化，兼論陳鑫的太極拳總論」一文，獲致拳友陳○彥君的回應，因此乃有本文論述之發表。

陳君說：「陳鑫的五陰五陽，可以這樣解釋，或者你說他是非陰非陽，亦陰亦陽的狀態，用手輕按著球，向左右搖動，此時你會發現，球和手的接點，是時虛時實的，此時的變化即是五陰五陽，陰陽的變化只在分毫的心念之間。練到妙手，身上每一點都能發勁，都能做到不停滯在實或虛的單一狀態，一個意念就能變化陰陽即是五陰五陽。陳鑫說：『妙手一著一太極，空空跡化歸烏有』，他指的是練至妙手（只有五陰五陽之手），每一式都能在完美的太極的狀態，能以空無的力快速的化開對方的力。他有解說，這一著一太極，具備能做到空空跡烏有才算是他指的一著一『太極』，這個太極不是一般的太極。是對手感覺是有空無感的太極。你說的一陰九陽，二陰八陽都做不到，雙重者也做不到。」

陳君解釋陳鑫的五陰五陽，是呈非陰非陽，亦陰亦陽的狀態，這樣的解釋顯然與陳鑫的「惟有五陰並五陽，陰陽無偏稱妙手。」的說法是不相符的。陳鑫是說，只有五

陰對立五陽，陰陽互等無偏，才能稱之為妙手，陳鑫之語，是很肯定的說「惟有五陰並五陽」，並不是說呈非陰非陽、亦陰亦陽的，所以陳君所主張的「五陰五陽或者可說為非陰非陽，亦陰亦陽的狀態」，是與陳鑫之說有所出入的。

陳君說：「用手輕按著球，向左右搖動，此時你會發現，球和手的接點，是時虛時實的，此時的變化即是五陰五陽，陰陽的變化只在分毫的心念之間。」

手按著球，向左右搖動，要須是實的才能搖動，虛的沒有著力之點，應不能搖動，所以搖動的變化絕不是五陰五陽。

陰陽的變化，在太極拳裡，有其時空之背景，是在身體的感應之間，非在心念之間，若是在心念之間，則不須有推手的練習，只憑心念意志去走化就好了。

練到妙手，身上每一點都能發勁，這是真的；但是說「一個意念就能變化陰陽，即是五陰五陽」，顯非正說，因為光憑意念，是無法變化陰陽或虛實的，若意念能變化陰陽虛實，那麼大家就不用苦練太極推手了，只憑意念去調度就行了。

陳君謂，陳鑫所說的「妙手一著一太極，空空跡化歸烏有」指的是練至五陰五陽之妙手，每一式都能在完美的太極的狀態，以空無的力，快速的化開對方的力。

這話也有語病，什麼是空無的力？化勁是以空無的力去走化的嗎？不是用陳君所主張的憑一個意念就能變化陰陽嗎。太極拳的走化在於拳論所說的「偏沉則隨」，而這

個「偏沉」所涵蓋的陰陽虛實變化，並非一成不變的，要視對方來力的多寡而變化，所以在這邊的陰陽虛實變化，都有可能是一陰九陽、或二陰八陽、或三陰七陽、或四陰六陽，不一定全是五陰五陽。

陳鑫並無解說，能做到空空跡烏有才算是他指的一著一「太極」，這是陳君對待陳鑫的圓說。陳君之意，乃謂陳鑫所說的「空空跡化歸烏有」一語是指讓對手感覺是有空無感的太極，而不是一般的太極。

讓對手感覺空而無感，就是讓對手摸不著你的勁路，也就是達到「人不知我，我獨知人」的境界，這樣來作解「妙手一著一太極，空空跡化歸烏有」，似乎是有些牽強附會的。

陳君的評論回應，筆者是心存感謝的，對所發表的論述，若只是隨喜的按讚，不是我所鼓勵的，有不同的見解出現，才有互相的切磋，而有所策進。

陰陽、五行、八卦、易經等，一向是被中國人所推崇而視為至理的思想，以為它們所闡述的就是「道」。

「道」是什麼？聖人也說不出一個所以然，他們悟道了嗎？他們悟到了什麼？好像也沒說清楚，講明白。

中國人原始講的「道」，與後來佛教傳進中國所謂的「實相」，應該是同一個標的，只是未開悟、未悟道的人，也就是說未實際證悟的人，講不出所謂的「實相」的道理。

有悟道者說：「太極唯臆想，根本實真識；無明生兩儀，萬法由茲生。」

　　無極、太極的思想，都是凡夫愚者們自心的忖度臆想，宇宙實相的根本，是眾生皆具有的真識如來藏，因為眾生的無明，不明白這個真識，所以才會有太極陰陽兩儀的思想生出，也才有萬法的茲生。

　　太極拳，是一種武術，是一種健身兼具攻防戰鬥的藝術，太極拳所牽涉到陰陽範圍的，已經涵蓋於虛實變化的範圍之中，能明白虛實變化之理，就是諳於陰陽變化之理。五行、八卦等易經之理，值得參考，但是修煉太極武術功夫，是否需要一直被框在易經及陰陽理論之中，值得吾人深思。

　　陳鑫深研易經，但是不會太極拳，也沒練過陳家炮捶，可是他卻寫了不少太極拳的論述，如《太極拳總論》等，這些論述與太極拳武術有何涉呢？與太極武術的實踐修煉有正面的效益嗎？閱讀他的著述後對武功會有什麼樣的進步嗎？如果有，那就尚有可取，如果沒有，遺留後代，就沒有價值可言。

　　太極拳，喜好談論陰陽的，稍早如陳鑫之屬，現代，如今，還是有「名師」在太極拳界，高談闊論，大談陰陽之理，總要把陰陽擠放在太極拳的每個角落，好像捨掉陰陽後就不是太極拳了。

　　武術是講求實際功夫的，若是成天在那邊口沫橫飛的談論陰陽，讓人家覺得他功夫可能很了得，可是如果有一天運氣衰了，碰到一個冒失鬼，找上門來挑戰，是時可不知那個師傅要如何找下台階？

第十九章

淺談「內外相合」

　　有拳友高君在拙論「掤勁我解」中，回應提問：「何謂內外相合，內部開合與外部開合，意義及要如何配合？」

　　感謝高君的提問，有了提問，我就有文章好寫，因為靈感不會常常來敲門。

　　內外相合，內是指體內的丹田氣運使的流程、散佈、以及方位等等情狀；外是只體外的四肢、關節等等的活動相貌。內外相合，是說內裡的丹田氣與外形動作，要互為搭稱配合，而且連成一氣。

　　形意拳有內三合與外三合之說。內三合為「心與意合，意與氣合，氣與勁合」，外三合為「肩與胯合，肘與膝合，手與腳合」。

　　這內、外三合，筆者有不同的看法，在內三合中，心與意幾乎是可以歸為同一個東西，所以「心與意合」，好像有所重疊，而且心、意、氣、勁相合，就變成四樣東西相合了，如果說意、氣、勁三者相合，謂之內三合，應該是比較簡潔而明白。

　　形意的外三合「肩與胯合，肘與膝合，手與腳合。」這只是原則性的說法，因為法無定法，法是活用的，不是

固定不變的。如果拘泥固執「肩與胯合，肘與膝合，手與腳合。」之法，那麼打起拳架將會被侷圍於一個固定的框架，而呈現如同機械般的不自在與不自然，如果打拳架還要一直去留意有沒有肩與胯合，肘與膝合，手與腳合，那麼心就分散了，氣也跑掉了。

拳法的運用原本是靈敏而富於機動變化的，只要不離原則過大，是可以隨機靈活變化的。

筆者認為外三合，是要步法、身法、手法三者相合，這三者掌握好，就不會偏離外三合的原理原則。

在發勁時，步法、身法、手法外三合必須配合意、氣、勁內三合，才能完整一氣，完成一個整勁。

步法須配合樁法，下盤穩固有根，打樁入地才能氣勢磅礡，所以沒有「其根在腳」的樁功作為基礎，就無法完成外三合。

丹田氣如果不飽滿，打樁則不能深入地底，產生摺疊反作用力，無法圓滿內外三合。

身法的主角是腰，腰要靈活而彈抖，像蒼龍抖甲一般，才會有機動敏捷的外三合。

手必須有掤勁，鬆而不浮，沉而不僵，如果強力蠻使，將會阻礙勁道的出路，被自己的頑力所束縛，無法造就外三合。

內三合與外三合，同時、同步運作合宜，完整一氣，謂之內外相合。

「合」就是「整」的意思，內外三合皆合備而完整，是為太極拳論所謂的完整一氣，因為「完整一氣」已然涵

蓋內三合與外三合。

　　內部開合，是指丹田氣的吸納、升沉、蓄放等等。譬如太極的起勢，兩手緩緩提起，此時原來聚集於丹田的氣，於吸氣時，將丹田氣遍佈，循督脈路徑從尾閭、夾脊到百會，這時候就是氣開，是氣遍周身的；在兩手放下時，慢慢將廢氣吐出，此時另有一股真氣要循任脈往下歸於丹田，這時候就是氣合，這是小周天的運氣法。

　　在推手或實戰時，蓄勁為合，將內氣匯聚於丹田，發勁時是開，完整一氣的向外放射。內部開合，僅簡單列舉，餘可舉一反三矣。

　　然而，在上舉中的發勁，雖說放勁時是「開」，但是會運使丹田氣的人，在這個動作中，氣是兵分兩路的，一股向外發射，令一股氣卻是密集匯聚歸於丹田的，聽起來好像很玄，有些矛盾，但是有練到這個層次水準，就會知道我所言不虛。

　　外部開合，是指外形肢體在往復來回運轉當中的起承轉合。譬如太極的攬雀尾，右手往側或往下挒，同時左手往後盪，這個連動中，就是外部的開；當左手盪回，合於右手內側做擠的動作，就是外部的合。此時的胯，也要順此動作，而做外部開合。又譬如，如封似閉在雙按後，承接十字手，雙腳兩手同時張開，這時就是開，接續兩腳收回，兩手合併成十字，這時就是合。外部的開合，必須配合內部的呼吸吐納。

　　盤架子不外虛實開合，開者，不但手足開，意氣亦與之俱開，合者，不但手足合，意氣亦與之俱合，能內外合

為一氣，這樣才不會有斷續的情況發生。

內外相合乃「太極十要中」之一要，與之有相互關係的尚有「上下相隨」。

上下相隨最佳的詮釋就是太極拳論所說的：「其根在腳，發於腿，主宰於腰，形於手指，由腳而腿而腰，總須完整一氣。」也就是腳到手到、手腳上下相隨之意。

很多人誤認手到腳到，是指動作到達定式時，手腳同時到定位，也就是說要符合「肩與胯合，肘與膝合，手與腳合。」的外三合，這是不太正確的說法與見解。

到位的「到」並非指「到達」之意或「到達定式、定點」之意，它的真正意涵是手腳同時動起來，虛實有了一定的對稱，這就已然構成手到腳到之內涵了。也就是說在一個動作中，有上下相隨，或左右相隨，或前後相隨，以及意氣勁與外動相隨，這樣就構成手到腳到之要件了。

雖然手和腳行進的方向不同，手腳也無同時到達一個定點，雖然無法架構成「肩與胯合，肘與膝合，手與腳合」的外三合的架相，但它已然是落實了手腳齊動而相隨的局勢，這是合乎拳理的。

所以，拳架動作在行進的過程當中，雖然尚未進入到定式，而手與腳已起到分工合作的默契，發揮了連動並用的功能，這就已經構築了「手到腳到」及「上下相隨」的內涵。

所以，主張到了定式才算是手到腳到，是狹義的說法。在拳架的行進中，只要符合手腳並動，上下相隨，神意具到的拳理原則，這樣來說「手到腳到」才是圓滿而廣

義的說法。

在拳架的運作中，全身是尋著圓弧軌道虛實變化的，虛實的對比，是互為搭稱的，懂拳的人，會很自然的循著圓弧軌跡而行，而變化虛實，不會出亂，也不會對「腳到手到」是否要符合定位之說以及符合「肩與胯合，肘與膝合，手與腳合」之說，有所疑慮。

內部開合與外部開合，要如何配合？當拳練到「著熟」的地步，內外會自然互相配合，拳論說：「默識揣摩，漸至從心所欲。」只要自己老實練拳，認真參悟，自然水到渠成。聽人講說，只得一個知識；有練才有心得，才有悟境出現，練拳才能得益，互勉之。

第二十章

腳腰的螺旋

　　盤架子，一招將盡，下一招接續承起，中間要加一個轉折，由腳根的暗勁螺旋而上，擰絞腰身，再牽動於手。

　　這個螺旋擰絞，必須配合丹田氣的內轉而運行。這中間，有腳的二爭力，有腰胯互相撐扭的二爭力，有肩胛與雙臂的二爭力，牽引出一層層、一波波相續不斷的立體圓弧似彩帶翩然而舞的精緻畫面。

　　這個轉折、螺旋暗勁、擰絞、摺疊及丹田氣的鼓盪，更能襯托出拳架的深層力用與美感。

　　打拳架，不僅求美感，還要表現出拳的生命力與靈氣脈動，更須顯露拳術的格鬥藝術與氣勢。

第二十一章

勁與呼吸開合

有讀者問：「以內部開合說，可否簡單歸納為，蓄勁（吸氣）為合，放勁（吐氣）為開，對嗎？」

我回答說：「原則性是如此。」

有拳友黃君主張，「勁者無關呼吸吧」？

我回答說：「事實上，運勁及發勁與呼吸運氣都是息息相關的。」

黃君說：「呼吸之源於精神，是精神守穩才能含住勁力，精神用於呼吸就多了分心了，精神要守而不發，在意於呼吸便是將精神散發了。」

我回曰：「黃兄一定是內勁有成之人。」

黃君說：「我不是，只是站樁時呼吸是身體自主的，那走架又何必用意識於呼吸上呢？」

我回曰：「不論站樁或走架都需以心行氣，以氣運身，而氣的運行，都是有方法的，若身體能自主，不必用意，則人人皆可無師自通，成就功夫，只有成就了高層功夫的人，才能達於無意之境界，黃兄能發表如是高論，所以我才會說你是內勁有成之人，內心是佩服的。」

以上是在網路上的答問。

運氣或運勁，雖與開合、蓄放及呼吸有原則上的搭

配，但是呼吸是可變化的，不是一成不變的，宜隨著虛實的轉換而變化呼吸，隨著蓄放的緩急及機勢的變移，作適當的調整。拳法如兵法，所以不是死法；知所變通，才是正確的。

然而，在變通當中，還得循著正當的理路而行，若違背了正理，則將成為邪論謬說，將只成為個人的自心意識思維所呈現的話語，是站不住腳的，若與拳理相悖，而執於自是，自以為對，那麼所有的論辯，將成為無謂之爭，只好默擯以對。

勁，是氣的結晶質量。行功心解說：「以心行氣，務令沉著，乃能收斂入骨。」這個「收斂入骨」是指內勁而言，所以，內勁的養成，是靠「以心行氣，務令沉著」而致的，是與呼吸調息密不可分的，不可謂：「勁者無關呼吸吧？」

勁者，不僅關乎呼吸，而且與呼吸是不可分離的，如前所說，內勁的養成是靠以心行氣而致，那麼，以心行氣不是呼吸，是什麼呢？

內勁養成之後的運勁或發勁，都得藉由呼吸而達到運勁與發勁的效果，藉由呼吸而鼓運丹田之氣，藉丹田之氣的鼓盪作用而運勁或發勁，這樣，運勁才能如百煉鋼，發勁才能如放箭。

所以，呼吸是要用到精神的，是要用到意的，精神用於呼吸並不會因此而分心，反而會令呼吸更專注，只要不刻意去鼓運拙力，讓丹田及身體增加過度的負擔。

精神要守而不發，是沒錯，那是指在養氣階段，令氣

在丹田積養。但在運勁或發勁之時，精神若是死守而無作為，若不與外在的肢體及內裡的丹田氣互為搭配，那麼，這個死守的精神只成為一灘死水，是沒有作用的。這就好像修行人空心靜坐，成為木頭人，是無緣開悟，成就佛道的。

若是主張「在意於呼吸便是將精神散發了」。那麼，練拳盤架子或站樁，要在意什麼東西呢？要在什麼樣的處境下，精神才不會散發呢？是否要成天空心靜靜的死守一個毫無作為的精神，就能成就太極功夫？

黃君說：「呼吸之源於精神，是精神守穩才能含住勁力。」

意思是說呼吸之所以源靠而依於精神，是因為精神的守穩，才能含住勁力，也就是說精神守穩才能含住勁力，如果沒有守穩，而用於呼吸，就會造成分心，而令精神散發掉。

若是這個道理能夠成立，那麼精神就只能死守，不能做為他用，不能做為呼吸之用，不能做為運勁、發勁之用，這個精神，豈不是變成行屍走肉。如果守著精神，而毫無作為的想成就太極武功，是為緣木求魚、煮沙成飯之妄想。

黃君說：「站樁時呼吸是身體自主的，那走架又何必用意識於呼吸上呢？」

若是主張「站樁時呼吸是身體自主的」，意思是說，站樁時，身體是自主的，呼吸也是自然的。這樣就變成傻傻的站在那邊，呆呆的枯站在那裡，這豈不也變成空站，

那麼站樁的意義又在哪兒呢？只要呆站著就能成就樁功嗎？

　　站樁的目的有三：成就中盤丹田氣的飽滿圓實、下盤腳樁的穩固、上盤手臂的掤勁，這三者都不是傻站而能成就的，是必須去引氣而令氣沉著的，沉著於三盤，使三盤的氣落根，累積太極功體，這三盤功體的成就，都須倚靠運氣、運勁過程而致之，而運氣、運勁必須依藉呼吸調息才能發揮效果的。

　　「那走架又何必用意識於呼吸上呢？」太極拳一向都講用意的，要以意導氣，以氣運身的，是行氣如九曲珠的，是要氣遍身軀的，若不用意識於呼吸上，那麼，試問，行拳走架的意義在哪？只是做做體操，擺擺姿態而已嗎？只如殭屍走路而已嗎？殭屍走路，額頭被貼上符咒，只聽命於道士的口令，完全沒沒有自己的意識思維，所以才謂之「行屍走肉」。

　　練拳走架或站樁，都需要以意導氣，以氣運身，而令氣沉著，而收斂入骨，成就內勁質量，這是練太極拳的不二法門，捨此而欲成就太極功夫，難也。

　　行功心解說：「能呼吸，然後能靈活。」你要先學會呼吸，懂得呼吸的深理，因呼吸的微妙運作而成就內勁，在應用時，藉由呼吸吐納的丹田運氣法，透過鬆淨、吞吐、鼓盪、摺疊、轉換、蘊蓄等等方法，才能在推手或散打時，化打靈活無礙。

　　打拳涵蓋外表肢體的活動以及內裡丹田氣的蓄放、吞吐，內外連結相合。勁的蓄放開合，雖還有鼻間的呼吸，

實際上靠的是丹田氣的吞吐運作，所以鼻間的呼吸，只是被依借而已，會運氣的拳家，能藉丹田內轉而開合蓄放，達到「從心所欲」的境地，也就是「靈活」的境地，這就是「能呼吸，然後能靈活。」的真正意涵。

所以，太極拳的呼吸開合，不是一成不變的。隨著時空的變換，呈現不同的色彩。

不論站樁或走架都需以心行氣，以氣運身，而氣的運行，都是有方法的，若身體能自主，不必用意，則人人皆可無師自通，成就功夫。

只有成就了高層功夫的人，才能達於無意之境界，這是說，功體已經成就，而且應用自如，已達從心所欲的階及神明境地，那麼就可在有意無意之間，發揮神而明之的懂勁效果，也就是形意前賢所說的：「拳無拳，意無意，無意之中是真意。」以及「有拳有意都是假，技到無心始見奇」的境界。

然而，這些話語，只有高階的拳家，才能說，吾輩功體未成，懂勁功夫未竟，若勉強呼唱高調，侃侃而言，恐怕會貽笑方家而自不知。

第二十二章

氣的匯歸

練拳有起勢與收勢：

起勢由丹田引領氣而起而行；收勢將氣匯歸於丹田而沉守。

形意由起勢轉入三體勢，才開始練拳架。

八卦也有起手勢，再行走步。

太極由無極勢轉入開太極，所以，開太極就是太極拳的起手勢。

拳架或站樁演練完畢，都會有一個收勢。在太極而言，於十字手後進入合太極復歸於無極勢，就是太極的收勢。

有人說，收勢須將氣匯守於夾脊，這樣才能如行功心解所說的「斂入脊骨」。

事實上，丹田氣在透過靜心的行運之後，就有騰然現象，太極拳十三勢歌訣云：「刻刻留心在腰間，腹內鬆淨氣騰然。」氣騰然之後就會滲入所有的骨骼筋脈，當然包括脊骨在內。

所以，所有的收勢，還是要將氣匯歸於丹田的，因為，丹田是耕耘內丹的一塊田地，是聚集真氣的一個場所。而不是將氣匯守於夾脊才能「斂入脊骨」的。

第二十三章

文踢與武踢

文踢是文筆交鋒，屬於隔離式的紙筆辯駁論戰。武踢是親臨道場踢館，屬於實體戰鬥。

武術一門，踢館是家常便飯，常常會遇到的事。文人愛名譽，武人喜格鬥，不足為奇。

開館授拳，如果沒有三兩三，遇到有人來踢館，將會落入無所適從的窘境，接受挑戰，如果落敗，將顏面盡失；不接受挑戰，表示膽怯，技不如人，陷於兩難。

太極拳屬於比較修心養性的武術，有功夫的練家子，往往都是保持低調身段，不會去炫耀自己的武功，但是網路發達的今天，你上網播一個影音，如推手或發勁等影片，如果太誇張，難免會遇到有心人士找上門來。

練太極拳，推手得過冠軍，就隨興開館授徒起來，因為沒有實戰經驗，遇到來切磋踢館的，內心難免驚慌緊張，落敗可以預料，你總不能推說：「我們只教健身，不會玩打架。」所以，要上梁山，還得有三兩三。

遇到來踢館，表面說是來切磋的，要怎麼應付？

鎮定，處境不驚，是應付踢館的不二法門。緊張於事無補，往往成為落敗的原因，所以，遇上了，要臨危不亂，要自我發起膽識，以及顯露氣勢。

筆者曾經遇上一個練硬鶴拳系統的碩壯青年，說要來跟我的形意作切磋。

青年作勢一拳打過來，拳還未觸及我身，我一個蹬步搶進，連續兩拳擊中他的腹部，都是點到為止，不虞受傷。這樣我就吃了安心丸，信心就起來了，都是讓他先出手，我再去沾黏他，令他受控，無法發出力量。

硬鶴拳，打起拳架，力道之強，真是會嚇死人的，但是他沒接觸過推手，被沾黏後就使不上力來，並不如想像中的那麼可怕。

年輕人心服口服的說：「我出拳總是慢了半拍。」這半拍卻是構成勝負的重要關鍵。

遇到來踢館的，不可讓他覺得輸的很難看，要讓他覺得沒有輸的感覺，有樓梯可下，如果讓他臉上掛不住，接下來，會有更多的人來找你切磋，讓你窮於應付。

練拳，不要炫耀，保持低調；不要去踢人家的館，今天你踢他，改天他踢你，踢來踢去，不是練拳的目的。

2016年2月16日台灣武術界發生大新聞：武術切磋變鬥毆，台北大安區某里長，被稱之為朱元璋後代的朱某經營的武道館發生血腥鬥毆事件，轟動一時。

練武練到這樣，真是匪夷所思。這都是爭強、爭勝、爭面子，值得我們練武的人警惕的。

文筆論戰交鋒，通常在網路上出現。你發表一篇文章，有人會給你按讚，有人則會提出不同的見解，如果是善意的討論切磋，當然是好，可以藉此而知道自己的立論是否正確，而自我修正，以求進步。

　　武術因為門派系統的不同，所以練法不一，見解各異，但都是自以為是，自己的東西最好，所以才有踢館的事情發生。

　　文筆交鋒論辯，應該引經據典，作為立論的依據，不是憑著個人的意識思維或錯謬的練習心得，與人爭論不休。譬如，佛法的辨正，應以佛說的三藏十二部經為依據，或以開悟的菩薩所著的論為依據，才是正說；若以邪師、偽師的論述為據，是為邪說，是為謬說。太極拳所有論述，不可偏離拳經、拳論、行功心解等範圍及方向，否則亦非正說。

　　拳理論辨，最怕遇到無厘頭，一個互不相識的無厘頭，忽然跳出來，以自己的私心思維揣測所得來的理論，自以為是的跟你爭論不休，這種情況下，你只能默擯之，不理他。

　　「默擯」，語出《佛遺教經》，阿難尊者在佛陀滅度之時，曾經請教佛陀三個問題：「佛陀住世，當以佛陀為師，佛陀滅度，以誰為師？佛陀住世有惡性比丘，當以佛陀調伏，佛陀滅度，如何應付？佛陀住世，佛陀所教大眾奉行，佛陀滅度，教律如何啟教？」

　　佛陀答言：「汝等比丘！我滅度後，當以戒律為師；我滅度後，若有惡性比丘，汝等當以『默擯』；我滅度後，一切教法經典當以『如是我聞』啟教。」

　　釋迦牟尼佛將入涅槃的時候，阿難尊者問佛陀：遇到惡性比丘，如何調伏應付？釋迦牟尼佛回答：「以『默擯』置之。」

　　默，就是沉默，擯，就是擯離、棄置，默擯的意思是他再怎麼作惡搗蛋，都不要理睬他。

　　遇到有理講不清的無厘頭，他會沒完沒了，最好的辦法，就是不要理睬他，你沉默，他就胡鬧不起來。

　　拳理辨正，有正面的意義，透過論辯，使拳理更明，將邪說謬理，以予導正，令學者免於落入邪坑，走錯冤枉路。

第二十四章

「步隨身換」真義

　　太極拳行功心解說「步隨身換」，意思是說步法要隨著身法轉換，那麼，是身子在轉動的時候同時轉換步法？或是步法先轉換固定好再轉動腰身的方向？這問題似乎很少人去深入探究的。

　　某一系統，在腰身轉移方向時，是腰身與步法同時一起並移並動的，但是這樣做會有一個缺憾，會造成重心的不穩及不順當，譬如這個系統，在做攬雀尾的左掤式時，是身腰左轉，左手掤起時，右腳是同時向內扣步轉換步法的，在做右掤式時，是身腰右轉，右手掤起時，左腳是同時向內扣步轉換步法的。

　　為什麼說這種「身子在轉動的時候同時轉換步法」的做法，會造成重心的不穩及不順當的缺憾呢？因為在做左掤或右掤式時，它都是一個發勁的動作，那麼在這個時候的發勁，是用後腳的蹬勁或暗勁在借地之力，使之形成一個反彈摺疊勁道的，所以，這個後腳在借地之力而發勁時，如果還在那邊移動轉換步法，則無法盡全力的去作打樁的動作，連帶所引生的反彈摺疊勁，也容易因為打樁與同時移動步法而造成重心的搖晃不穩，而且這個樁打下去，勁道也將是分散而不集結的，失去發勁的效果。

　　虛腳是可以隨時變動轉換的，但是發勁的實腳，在發勁當中是不宜隨便更動的，因為這樣會造成勁道的分散不集結，也會使重心失去平衡中定，更會造成身勢的不順遂與不搭當。

　　王樹金宗師系統的九十九式太極拳，是比較符合步隨身換的練法。譬如從起勢開太極到上步打擠，到右琵琶勢等等，都是先變換步法再轉換身法的。又譬如形意的蹬步搶進，也都是先上步後身隨的。

　　行功心解說：「力由脊發，步隨身換。」所以，步隨身換是指作戰時的虛實變化，也是指發勁時步法與身法的互相搭配轉換。力由脊發，當然是指發勁而言的，發勁時，因為有敵我的虛實變化，所以，身法隨著應敵的變化而變化，而身法的變化是須依靠步法的變化而變化的，先有步法的變換才有身法的移轉，是步法來牽動身法的。

　　這樣的論述是有根據的，太極拳經云：「其根在腳，發於腿，主宰於腰，形於手指；由腳而腿而腰，總須完整一氣。」所以雖說「力由脊發」，而實際上是「其根在腳」的。「力由脊發」是局部說，是狹義說；「其根在腳」是總說，是廣義說。力由脊發是指上半身而言；其根在腳，步隨身換是指全身的根本而說。所以雖說力由脊發，但真正發勁，是得倚靠其根在腳的腳根去打樁，藉由打樁才能產生反彈摺疊勁，才是真正的發勁。

　　發勁時，若是步法實腳還在那邊轉換，將使打樁力道消減，而致所產生的反彈摺疊勁，功效削失。

第二十五章

氣的分布

　　氣的運轉、流布，在拳架的操練中，雖然是循著一定的軌道在運行，隨著動作的態勢、方向而有跡可尋，然而，在實際應用時，它是可以隨機、隨勢、隨用而變化的。

　　在拳架或基本功的練習，因為它的模式是屬於較制式化的，是隨著固定的勢法在操作的，所以丹田氣的驅使、策動，所走的路線，也都是循規蹈矩的隨著勢法而運行的。譬如，腹式呼吸中，吸氣時，丹田氣由尾閭循督脈而上百會，吐氣時，氣循任脈下行復歸於丹田，成為一個小周天的運轉；大周天的運轉亦復如是。

　　在勢法的操作中，提是吸，按是呼，開是吸，合是呼，蓄是吸，放是呼，原則概略如是，勢法的提按、開合、蓄放等等，搭配呼吸吞吐，都有一定的規律。

　　在應用上，在活用上，丹田氣的運轉，可以兵分兩路，兵分三路，甚至兵分多路，在有規舉當中，而有機動變化。

　　有人說，行功心解謂：「力由脊發」，所以發勁時，丹田氣應該運到脊部；有人主張，發勁是靠雙手的掤勁，所以發勁時，丹田氣應該運到手臂；有人認為，發勁是

「其根在腳」，所以發勁時，丹田氣應該運到腳底，等等，林林總總，這些說法雖然都沒有錯，但是都不完全對。

太極拳經云：「其根在腳，發於腿，主宰於腰，形於手指；由腳而腿而腰，總須完整一氣。」雖然，看起來腳、腿、腰、手，各有其職，各有其功，但是莫忘了，拳經後段還有一句「由腳而腿而腰，總須完整一氣」，它特別強調「由腳而腿而腰」還有「而手」，都是串聯而不可分開離散的，如果腳、腿、腰、手等各司其職，各行其是，這個力道就分散了，所發出的勁就不凝結，失去了發勁的效果。這邊，拳經末句說：「總須完整一氣」，完整就是連結貫串，「完整一氣」是指丹田氣的匯集，也就是「整勁」的意思。

「完整一氣」並不是說氣要集結在某一個局部，譬如說脊部或手臂或腳根，而是由腳而腿而腰而手，互相連結貫串的完整一氣，各部位都能合集貫連，而且，丹田氣要分步到各個需要「使勁」的地方，這才是真正的「完整一氣」，才是真正的「整勁」。

所以，讀經看論，不宜斷章取義，不宜斷句取義，而是要整部經的融會貫通，能融會之後就能貫通。若是斷章取義，斷句取義，沒能融會貫通，將會曲解經論之義，思路就會走偏，練拳將無法獲益。

初學者，往往不能體會丹田氣要如何分布，如何兵分兩路，兵分三路，甚至兵分多路，在兵分多路當中又去集結會合，這需要很大的功夫，也需要花很多的時間去磨

練、修煉，才能稍有體悟。只有老實練拳，用心思維，練拳才能得益。

佛法說：「聞、思、修」，聞是聽聞，多聽多看多讀，拳經、拳論、行功心解一定要熟讀，要記憶。聞後還要思維，練拳不要傻傻的練，要認真思維，師傅講的，合不合經論之所說？不必照單全收。思維後，最重要的是老實修煉，一面練一面思，把從經論中及從師傅的言教中的正確見解，與實際練習相互印證。這樣練拳才不會唐捐其功，才不會浪費時間，浪費金錢。

第二十六章

鬆緊與勢力

發勁除了依靠丹田氣的鼓運爆破之外，還有就是外形勢力的牽引。

有人主張：「發勁時前半段先求鬆，後半段再求緊；鬆是不用力，緊是緊緻、緊湊。不知這樣的說法是對？是錯？」

太極拳是講求圓弧的，且不管這個動作是呈圓弧或直線的揮動，這個圓弧或直線的勢力，是要一鼓作氣的，也就是說從前端到尾端，它揮動的勢力，必須是一體成形的，若是在前段使用鬆法，在後段使用緊法，也就是說前面較鬆、較慢，後面較緊、較快，這種情形依物理力學原理而言，它所形成的整體態勢，是不完整的，也就是說，整個過程，沒有符合拳經所說的「完整一氣」，因為前段的勢力柔弱，後段的承接顯然就會有斷層現象，成為一個不完整的勢力，這樣，發勁就會減失它的威力，以及減弱速度的進行。

所以，發勁主張先鬆後緊的說法，是值得被討論與檢驗的。

第二十七章

形意蹬步不是用跳的

　　初練形意拳的蹬步，不少學員會犯下使用跳步的錯誤方法練習，不管老師怎麼講解或多次的親身示範，學員還是不能體會蹬步的要領。

　　在這種情形下，只能用另一種方式，讓學員用身體去感覺。

　　令學員在蹬步時，兩手高舉到胸前，呈按掌，當學員往前蹬步時，老師就按住他的雙掌，增加他前進的阻力，在這種情況下，學員誓必將丹田氣沉入腳底，使用腳底的暗勁，才能使身體前進，而且不會往上浮起，形成跳步。

　　跳步會使得身體虛浮，重心不穩，發勁空洞無力，練成拙力方向，起初的練習若是沒有調整修正過來，以後要導正就比較困難。而調整修正有時用口頭講解，學員是無法領略的，即使是老師親身做示範，對初學者而言，往往還是不能理解的，所以最好就是使用各種方法，讓他的身體去做感覺，去感受。

　　身體感覺、感受到了，遠比說破嘴還有用，如何善用各種方法讓學生去感覺，是老師教學的責任，也是一個好老師必須認真思維的教學方法。

第二十八章

心狂火熱

「心狂火熱」，是一句閩南語，或者說為「心攻火熱」。意思是說心急了或內心緊張，或者做事情太急性，想把工作或事務趕快完成，以至於體內的氣造成紊亂，無法正常的疏通、宣洩、發散，這股氣流，在體內亂撞，奔闖，致冷汗直冒，形成虛脫狀態，這就是「心攻火熱」，也叫做「心狂火熱」。

有一個舊學員很久沒來練拳了，初來上課，我們把形意分解成三個動作單練，就是拔、鑽、劈。

拔，又分成撤步拔、進步拔、交換步的拔。這學員在做拔的動作時，兩隻手臂僵硬，一眼就可看出用了拙力，經過糾正調整，還是無法完全的放鬆。做不到幾分鐘，他就氣喘吁吁，滿身大汗，只好在一旁休息。

形意拳講求不著一絲拙力。拙力一絲一毫都不可以有，不可以著到手上來，不可以著到身上來，一著拙力，手臂就僵直了，一著拙力，身體就鈣硬了，體內的氣也就散漫了，不能順暢流行，也不能集結匯聚。

手臂用了拙力，身體用了僵持力，體內的氣就會亂闖，形成氣亂，熱火攻心，就虛汗直冒，造成虛脫與傷害。

　　所以，不僅練拳要保持身體的鬆柔，心情更要放鬆，台語說「緊事緩辦」，是說遇上很緊急的事，也要心平氣和的辦，不要心急，心急會造成「心攻火熱」，或「心狂火熱」，而致「熱火攻心」，值得謹慎。

第二十九章

「蒼龍抖甲」練法略說

蒼龍抖甲，這個名詞是王樹金宗師系統的八卦掌專有的辭彙，有網友質疑問說蒼龍抖甲是什麼功夫？他從來沒聽說過，他說他問過幾位練形意拳、八卦掌的朋友，都沒聽過蒼龍抖甲這種功夫。

茲引據王師爺樹金先生，所著作的八卦遊身掌（教育部體育司中華民國國術會編印）第八掌－蒼龍抖甲，第95頁中，有如是闡述：「接連起伏，全身抖動，如公雞抖毛狀，又如狗自水中出來之抖水狀，故取蒼龍抖甲為名。」

蒼龍抖甲又稱為震身功，也就是一般常說的「抖勁」。

蒼龍抖甲的抖，不是像某系統太極拳，手指刻意一直不停的抖動，而是像彈簧般的快速彈抖，像狗狗洗完澡，將水快速抖乾的全身彈抖。

手指刻意一直不停的抖動，是一種局部的抖，它不是由腳根的樁去入地打樁而形成的，所以不是真正的抖勁。

蒼龍抖甲這個彈抖，是由腳根起底，由腳根打地的暗樁，去起到反彈的摺疊勁，也是一種反作用力的倒彈所引生的螺旋勁。

所以，如果樁功沒基礎，任你怎麼抖，都不像的，一眼就能瞧破；刻意造作出來的抖，就是不像，因為是不自然的。

蒼龍抖甲的練法，在樁功已有相當的成就時，可以慢慢的去體會練習。

兩腳分開與肩寬，兩臂左右平舉，掌心向上。落胯，鬆腰，氣沉丹田，再將丹田氣引入腳底，以暗樁打地，這個暗樁打地，不是一下、一下的，而是接連的如螺旋之鑽入地底。

樁功的基礎越好，深入地底所引生的反作、摺疊就越紮實凝聚，這樣才能「力由地起」，才能螺旋摺疊而上，也才能帶出腰胯的彈抖，以及身手的連帶彈抖。

所以，這個樁是暗樁，不是明樁。明樁太直，不能迂迴曲折，不能螺旋往復摺疊。如果以腿部的拙力去使，腳根會虛浮起來，造成全身搖晃、零零落落，有一搭沒一搭的，不能綿接貫串起來，成為一體，也就是說，不能完整一氣，無法達到整勁的境地。

腳根是一個自轉，帶動身腰而公轉。腳根是主角，身腰是被帶動的配角。好像小朋友完鼓鈴鐺，手握鈴鐺的底部，拇指與食指輕輕地左右圓環轉動，這個手指的圓轉帶動，就是自轉，就是主角；鈴鐺被自轉的手指帶動，使鈴鐺叮叮噹噹的左右圓轉打鼓，這鈴鐺的被帶動，是個公轉，是屬於配角地位。

在實際練習時，可讓學生的雙手舉在空中，在鬆中須有掤勁，不可鬆垮、鬆懈。老師兩手可以輕輕的沾黏在學

生的手腕內外側，讓學生在抖動中去感覺手臂因抖動而被沾黏所產生的阻力，這個阻力要牽連到學生的腳底，也就是讓學生可以感受到他的手臂被老師沾黏所引生的阻力是由腳根帶出來的，而不是手臂的抗拒拙力。

在練習當中，老師可以暫時按住學生的手雙，讓學生雙手不動，只讓腳根引領腰胯而動。待至學生能雙手不動，腳根能引領腰胯而動時，老師可以同時做餵勁動作，輕輕地沾扶著學生手腕部，加以餵勁。

要怎麼餵勁呢？老師的雙手有時輕按學生雙腕，有時分開，有時加一些力道上去，讓學生去感覺他的手與腳根的著地入樁狀況，這裡面是有虛實變化的，要讓學生去感覺這個虛實，這樣他才能知所感應，不會走到制式化的機械式的框架之中，而練成死功夫。

蒼龍抖甲在實際格鬥時，有很大的作用，因為腳樁的入地生根，可以產生絕佳的抓地力，這個抓地力非常重要，樁功如果沒有成就，抓地力就差，要打樁發勁，無法使力，也因為湧泉無根而形成腰無主，這樣，將落得力學垂死終無補的窘局，學拳不能得益。

在實戰時，一拳打出去，若不能隨即歸位，那麼以後的第二拳、第三拳，將沒有著落，會慢人半拍，成為落敗局面。這個迅速歸位是靠腰腿的彈抖，是靠腳根入樁的二爭力所營造出來的。

而且，有了彈抖之勁，有了蒼龍抖甲功法的成就，不僅能使發勁的速度疾快，也能使勁道脆厲、磅礡，瞬間產生令人驚悚的爆破威力。

　　蒼龍抖甲這個練法，很難用文字語言來敘述，只能言盡於此。有練出這個功夫，就知道如何應用各種方法去教學，如何讓學生在練習當中，用身體去感覺、感受。透過實際的操作，身體有了感覺、有了感受，就比較容易進入狀況，體會也比較深刻。這是身為一個老師，應有的責任與義務。

第三十章

化勁淺説

化勁有二層意義：

一、走化對手的來勢、來力，屬於狹意之說。

二、功夫已達階及神明境界，也就是懂勁的境界。這樣的境界，也稱為化境，是為廣義說法。

形意拳大師孫祿堂在他的「拳意述真」，有述記郭雲深先生論述的描述：

「所謂化勁乃周身四肢動轉，起落進退皆不著力，專以神意運用之；雖然周身動轉不著力，亦不能全不著力，總在神意之貫通耳，拳經云，三回九轉是一式，即此意也。

三回者，練精化氣，練氣化神，練神還虛，即明勁、暗勁、化勁。三回者，明、暗、化勁是一式；九轉者，九轉純陽也。化至虛無，而還於純陽，是此理也。

練到至虛，身無其身，心無其心，方是形神俱妙，與道合真之境。此時能與太虛同體矣。以後練虛合道，能至寂然不動，感而遂通。」

這就是郭雲深先生所論述的「化勁」。也就是說功夫已經到達「出神入化」的境地。神是神妙，化是化境，是指功夫已臻極高與神妙的境域，亦即功夫已達爐火純青的

境界。

何謂「三回九轉」？回是來回曲折；轉是流轉動蕩。三回九轉是形容曲折回蕩之意，也就是台語所講的三番五次之意。

三回九轉，語與出清‧李漁的《奈何天‧逃禪》：「誦真經三回九轉，敲鐘磬動地驚天。」

三回九轉泛指修煉內丹旋轉的次數。三與九是一個虛數，不是固定的指三回或九次，而是指往復來回甚久之意，也就是下工夫甚深之意，也就是一般所謂的久煉成丹，終而成就純陽之體。

到了這個境界，即可化而虛無，身無其身，心無其心，形神俱妙，與道合真。此時就能與太虛同體，己身的小太極與宇宙間的大太極，合為一體，能互相感應，這就叫「感而遂通」。

感而遂通就是神明的境界，近乎神通境界，在功夫層面，乃指懂勁的最高境界。這種功夫須與修行配合，始能致之，一般你我凡夫，難達也。

有學員問，形意說明勁、暗勁、化勁，在程序上能否從化勁起練？

如果了知化勁之義，當知明勁、暗勁、化勁是一個階層次第，有了一、二才有三，沒有越級而練的問題。

第三十一章

技擊椿

椿功是武術的基礎，中國各家武學都是重視椿功的。然而，也有某些系統是藐視椿功的，他們認為椿功呆板的站立，缺乏機動性，也不喜歡站椿時的無聊、單調與乏味。這些無知者，不知椿功對於養生健康的效用，以及在技擊格鬥藝術中，所能發揮的特殊作用。

站椿除了培養丹田氣，促進氣血循環，達到健身的目的之外，在武術的立場而言，它可以造就手的掤勁，與下盤的穩固，這些都是在發勁時必備的要件。

椿法分為養生椿與技擊椿。養生椿，以「渾元椿」為代表，平馬步站立，落腰胯，氣沉丹田，以養氣為主。

技擊椿，有微苦需要自己樂意去承擔，譬如，形意的三才椿，又稱為三體式。三體式為天、地、人三者合為一體，也是上、中、下三盤，完整一氣之意。

三體式，百會朝天，虛靈頂勁，有吞天之氣之意；前手沉肩墜肘輕輕向前伸出，有推山之氣勢；後手曲圓內扣，置於丹田處，手臂外撐內裹，有包涵之意。腳根前三後七，前撐後蹬，形成二爭力。

這個三體式成就了，腳有了根，發勁才能打椿；手有了掤勁，發人才能乾脆俐落，富有彈力，不會拖泥帶水。

　　形意三才樁是個充滿矛盾的樁，是一種技擊性的樁法，它除了功體內勁的培養之外，在格鬥發勁時，靠著打樁所引生的摺疊反彈勁，而爆發驚悚疾速的威力。

　　為何說三才樁是個充滿矛盾的樁？譬如，前手向前伸出，有推山之勢，也有承接來力之意，形成一種對立的矛盾。下面的手是呈外撐內抱，有外撐之勁，也有向內裹抱束臂之意，也是一個矛盾。

　　腳底的後蹬前撐所形成的二爭力以及腰胯的擰扭、左右的互相拉扯，在在都是對抗的矛盾。

　　手臂的向外撐勁與內抱的裹束之勁，所產生的矛盾二爭力，會形成二者之間的一個基礎底座，這個沉墜的基座，就是手部的樁，它在矛盾互爭的沉墜之點面，會形成一個基座，形成手部的一個矛盾樁。手臂如是，腰胯亦復如是，其餘各處，也是如此，各有各部的基座，個有各部的矛盾樁環環相扣，連結貫串，串成一股立體圓弧的基樁。

　　這個對抗的矛盾，可使得筋骨受到較強力的摧拉，增強內氣的輸灌，成為內勁養成的要件，也使得內勁富有強烈的撐持性、擰裹性及彈簧性。

　　練形意樁是有微苦的，這個微苦，需要自己願意、樂意的去承受，想要成就功夫，這些苦是須樂受的，而且要自我惕厲，才能成就上好功夫。

第三十二章

蹭　勁

　　蹭勁，是一種因磨擦而產生的阻力，因阻力而增添勁道的強化。

　　蹭，是透過沾黏後的磨擦，而產生強烈的暗阻之勁。蹭，是磨蹭之意，所以這個蹭是一種緩慢拖延的行進，慢慢的推延移動。

　　形意拳有很多招式都有磨蹭的勁路，譬如劈拳，在拔鑽後，要做劈的動作，右拳置於左肘內側，劈出去的時候，右拳須磨蹭左小臂內側而過，再劈下，擰扭而出。崩拳也是如此的磨蹭，而且要旋轉，螺線而出。

　　在太極拳中，如封似閉招式有磨蹭的動作；在八卦掌中，青龍出水招式有磨蹭的動作，不勝枚舉。

　　這個磨蹭有什麼作用？

　　1、**磨擦作用：**

　　磨擦生熱，增進氣血的流行、暢通。

　　2、**阻力作用：**

　　因磨蹭產生阻力，因阻力而加強內勁的運行。

　　3、**聽勁作用：**

　　因磨蹭而產生聽勁，使觸覺神經產生敏感作用。

　　蹭勁，動作要慢，而且要極慢，要磨蹭再磨蹭，阻力

越強越好，所以，蹭勁比較適於形意暗勁階段的練習。

　　磨蹭，是一個形容詞，一般解釋磨蹭，是說行動遲緩，做事拖拉糾纏，也就是說消耗浪費時間之意，但是，這個磨蹭卻適合用來練拳，練暗勁。

　　磨蹭的磨字，雖有磨擦之意，是個狹義的說法。廣義的說，是在於蹭；磨，雖能產生阻力，但不如蹭。蹭，就是慢慢地消磨時間，在慢中，才能去去思維，思維身形的變動、身形的虛實，思維氣的流向動態、氣的鼓盪迴旋摺疊、氣的轉折變化等等，這些都是要在慢延的磨蹭中，才能仔細的去長考思維的。

　　磨字，含有磨練之意，也是淬煉之意，淬煉是說將鋼鐵加熱放入水中，不斷的冶煉過程，終而百煉成鋼，所以引申為磨練之意。蹭，是推延拖拉，緩慢而行。

　　磨蹭，在世俗中，被喻為做事拖拉不乾脆，但是在拳中，在練暗勁之中，卻是需要用磨蹭之勁去提煉的，在練暗勁之中，越磨蹭，越好。行功心解說：「運勁如抽絲」，這個磨蹭就是運勁，所以要緩而慢，慢而勻，如抽絲一般。磨呀磨呀，蹭呀蹭呀，內勁就出來了，螺旋勁就出來了。

　　磨蹭，是九煉之意；九是長久，九煉成鋼；久練功夫底成。

第三十三章

拳界自殺事件的探討

據傳，楊氏太極拳第二代，當年練拳練到想自殺及逃家出走，把練太極拳認作是一件非常苦的事情。

練拳練武確實是有苦楚的一面，譬如站樁、打拳架等等，有些系統還有更堅苦的練法，讓一些心志怯懦的人，望而卻步。

練武的人有很多種類，第一，父子的傳承，如楊氏太極拳。第二，為了報仇，如武俠小說故事。第三，為了自衛防身。第四，是興趣理念。

為了報仇而練武，在現在這個年代已經比較稀有，因為現在報復報仇的手段太多了，用不著去苦練武功再來報仇。父子的傳承，如今也少了，老爸喜歡打拳，兒子卻愛打球，不能勉強他。自衛防身，現在科技進步，防身器具多如牛毛，也不必靠練拳來防身了。

所以真正想練拳的就剩下興趣了。事實上，練拳除了興趣之外，在於增進個人的膽識與氣勢，練就了一身武功，顯於外在的膽識與氣勢就是非俗的，是異於常人的，在不怒而威中，不戰而退卻敵人。

練拳是有微苦需要自己去承擔的，這個苦是自己願意樂受的，不是別人所能強迫的，這個時代，沒有人會強迫

你去練苦拳，師傅稍微嚴格一點，學生就跑光了，有些可憐的師傅，為了留住學生，還得去奉承討好學生，真是悲哀。

所以，賸下的，真正想追求武功的人，大部分是居於自己的興趣理想，因此，對於練拳的苦，是不當一回事的。

孟子曰：「天將降大任於斯人也，必先苦其心志，勞其筋骨，餓其體膚，空乏其身，行拂亂其所為，所以動心忍性，增益其所不能。」意思是說，上天將要把重大使命交付到某人身上時，必先使他的心識意志受到苦難的磨練，使他的筋骨受到操勞，讓他忍受飢餓寒冷，身心空曠窮困，行事不順。這樣來蕩動他的心志，堅忍他的性情，這樣來增進他所不能達到的才能。

練拳雖不是一件上天所賦予的大任，但確是須「苦其心志，勞其筋骨」的。筋骨的勞累，是猶可忍的，最苦的是心志上的擔當。

內家拳的成就是極其不易的，如果沒有堅強的心志去擔待，是容易中途退墮的，很多人練拳，起先是興致勃勃的，但往往半途而廢，因為意志力不夠，沒有恆心毅力，終究成就不了功夫。

練拳是苦的，站樁的苦，練低架的苦，這些筋骨肢體上的苦，是可以承受的，怕苦就不是大丈夫。練拳練到想自殺，不能算是男人，他的武功也不能達於登峰造極之境，終究是一介泛泛凡夫。

如果是被迫式的練拳，就算有一天熬出了一些小名

堂、小名氣，但是由於功夫不實際，總會遇上一些麻煩疙瘩事，心裡總是不踏實的。

據傳，楊○侯有一個自殺事件：關於楊○侯的事蹟，在陳微明的《海雲樓集》中有明確記載，楊○侯為什麼自殺呢？是因為有幾位國術館的教師透過李景林約好了楊○侯，要與楊進行切磋交流。當時楊已68歲，雖名氣很大，但真打起來已力不從心。楊○侯是很要面子的人，事先請人試了回手，確感非常吃力。由於答應李的事又不好回絕，為了保全楊家太極的名聲，於是選擇了自殺成仁。

看了這段典故，不禁令人噓唏、嘆息，練武為了保全名聲，選擇了逃避式的自殺，是沒有必要的，一個武者，寧可戰死沙場，也是雖敗猶榮，不應該畏怯逃亡，楊某選擇了自殺的潛逃方式，並沒有為楊家保全名聲，反而毀了一世英名，實在可惜。

太極拳泰斗吳圖南先生，幼時全身是病，有肝炎、肺結核、癲癇等，雖被當時的太醫李子裕長期的調理，漸漸好轉，李大夫建議家長說：最好叫這孩子練練功。所以九歲被送進拳房練太極拳，教拳的老先生是全佑先生，而事實皆由其子吳鑑泉教拳。吳圖南先生跟吳鑑泉學了八年太極拳，後來由鑑泉先生介紹，又跟楊少侯先生學了四年，前後共學了十二年。

吳圖南先生自述：「那時後練拳很苦，傳統的太極拳，有一種練法叫定式，比如攬雀尾分六個動作，每個動作去練定式，六個動作約二分鐘定完，定的汗流浹背，筋疲力盡。還有要練撫筋，用繩子或皮兜綁住腳後跟，往前

提吊拉到腦門栓在樹上，定死。這個罪真夠受的，做夢都害怕它。如此類推，還有什麼桿腰、踢腿、鐵板橋等等，先折騰出來弄好了才開始練拳。

過去練拳不是像現在這樣，一開始就去摸魚。要把上面說的功夫練出來，其實人人練都能成，就看你練不練，如真練就能成功。那時像我這麼個病孩子，一折騰實在受不了，我曾經想跳井自殺。

有時老師看見我怕苦，責備我說：又想病好又怕苦，沒出息。後來我想一個人為什麼教叫人說沒出息呢，我怎麼變成沒出息，一定要有出息的。」

早年傳統太極拳練法，確是很苦的，很多基本功都要一一完成後，才開始練拳。一個九歲的病小孩實在是受不了的，雖然曾有自殺的念頭，但畢竟還是熬過來，功夫也熬出來。

定式，類似站樁，把招式拆開來站樁，有苦的一面。拉筋、踢腿、桿腰都是苦差事，要吃得這些苦，功夫才能生出來，這些基礎是必須奠立的。現在人學拳，不想吃這些苦，所以，百千人練拳，成者一、二而已。

練拳的苦，是自己甘願受的，台諺云：「歡喜做，甘願受」或「甘願做，歡喜受」，要心平氣和的去承受那個苦，這個苦，不是被逼迫的，是自己心甘情願的，以這樣的心情、心態來練拳，你的心就不會覺得苦，因為那個苦中，還是有甘甜樂趣的一面，當你的功夫日有進境，由無到有，由小成而大成，很多不可思議的功夫自然的源源生出，譬如，彈抖勁、摺疊勁、打樁等等功夫，會水到渠自

成的自己生出來，那種成就感，是那麼的踏實，那麼地甜
蜜。那麼，練拳的那麼一點苦，又算得了什麼？

　　如果覺得練拳是一樁苦事，練到想自殺，這種人是沒
有擔當的，是成就不了事業的。當你覺得苦，你的心就會
產生抗拒，想逃避這個壓力，這樣體內的氣就會混亂；心
不平，氣不和，練拳不能得益，更遑論功夫會有所成就。

　　楊家第二代，練拳練到想自殺，這樣的心境歷程，能
否成就高水準的功夫？是令人存疑的；若是有真功夫，為
何不敢上戰場，而選擇殺身成仁呢？

　　練拳，除了興趣、理想，更是緣於「男兒當自強」的
自我期許，以及自信心的建立，不只侷限於格鬥實戰的狹
隘範疇，是一種大視野的高格局，是一種男子漢的氣度展
露。

第三十四章

「按牆反作法」體驗入樁發勁

我用身體讓學員練習發勁，他們總是拔不著我的根，而且往往是自己的根先虛浮起來。

這原因，主要是自己的根盤沒有入地，自己的湧泉無根，當然就無法拔人之根。

而且，我的身體一向都是自然保持鬆柔的，更讓他們摸不到有所著力的地方，所以，我有時為了餵勁，讓他們感覺到有著力點，就得故意把身體呈現僵硬狀態，好讓他們可以比較容易的藉著餵勁機制，找到著力點，拔動我的根盤，營造這樣的餵勁機制，讓學員體會發勁的感覺。

身體是具有活動性的，用身體來餵勁，讓學生來做發勁練習，必須有較高的餵勁技巧。

利用「按牆反作法」，不失為練發勁的一種另類的練習。你雙手按著牆壁，會產生一股「反作力」，把你反彈出去，用力越大，反彈力就越強。

雙手用暗勁按住牆，要去感覺力量是由腳根的暗樁延伸出來的，所以手在按的時候，它的反作力是與腳根相觸的，是貫串連結到腳根的，所以雖然是手在按牆，事實上是腳在運打暗樁，這個暗樁如果沒有打入地，光憑手的力量，那個反彈力是不大的。

　　「按牆反作法」，不是要將牆壁推倒，而是藉由推按將自己的身體，被牆推出去，被牆反震出去，用這個方法去感覺身體被彈出的巧力，雖然不是把牆推出去，雖然不是把牆推倒去，雖然在推按的當下，身體是被反彈而出的。

　　但是，藉由這樣的練習機制，卻能感覺發勁時的巧妙，感覺到腳樁的運使與根盤的入地的明確感受，在手的「按」，與腳的暗樁的「運」中，可以體驗拔根的奧妙。

第三十五章

著力點與發勁

　　練習發勁必須先找到著力點，否則將成為虛發的空包彈，不能奏效。

　　什麼是著力點？使力、運勁、牽引、拔動、擊撞一個物件，找到施展力量的點、線、或面，是謂著力點。發勁就是要找到這個著力點，這個勁發出去才能得到效果，否則都是空費力氣。

　　一根稻草，要將之連根拔起，不能在草的上頭東扯西端、左拉右甩，這樣草會斷掉。所以，力的面向必須往上施，握住接近土壤平面的部分，掌握到著力之點，才能將稻草連根拔起。

　　搬動一件重物，要從底部施力。推動車子，要從尾部施力。划船，那個槳如果全部深入水裡，反而難以施力，約三分之一處伸進水中，施力就比較容易些，這就是找到了施力面，找到了著力點。一條繩子，如果用勾桿要把它勾上來，必須取中間的均點，否則容易滑落，這個中間的均點，就是著力點。

　　要將人拖曳、甩開、摔倒、拋出，抓住他的手來牽動，是為著力之處，也是著力之點。

　　器物是固定不動的，要掌握著力點比較容易；人的身

體是會移動變換虛實的，要截取到著力點，而將人牽動或捋開或擊打，則需要有相當的技巧與功力。

練太極拳或內家拳或其他武術，會涉及到推手及散打，能掌控對手身體的著力點去施力或發勁打擊，就能取得戰鬥的優勢，立於不敗之地。

練習推手發勁，如果掌握不到著力點，那個勁將變成虛發，沒有打擊效果。

人體的中心點在於腰際，但在虛實的變化中，腰際不見得是被發勁的唯一著力點。高手發勁，全身皆手手非手，他的手或身體的各處都可以發勁，他接觸到你身體的各個部分，都能讓這些部分都變成他的著力點，聽起來好像很玄，其實並不玄。高手可以在被他接觸的各點，以沉勁而拔動你的根盤，將之打出。

以手的沉勁來說，高手輕輕的按在你的胸部，你的胸部不但不會往後退移，相反的，你的胸部受到他的手沉勁的壓按，你的身子會前傾，把著力點奉送到他的手上，台諺說「送肉餵虎」，你的身體會受到他的沉勁的牽引，把自己的著力點奉送給他，就是這麼神奇，這就是高手，他可以在各個部位拔動你的根盤，使你的重心落到他的手中，成為挨打的架子。

相反而言，你對上一個高手，你怎麼打他、按他，都找不到他的著力點，都拔不到他的根盤，這就是功夫高下的分別。

做為一個教練或老師，你的身體要當成一個靶子，讓學生去打、去摸，讓他去找你的著力點，要營造機勢讓學

生去拔動你的根盤，這些都需透過餵勁技巧始能達致。

　　老師必須讓學生感覺按的那一點，勁道直透於腳的根盤，也就是說學生按老師的胸部，卻能使之感覺，他按到了你的根盤，而且你要借勢讓他拔動你的腳根。這些餵勁技巧俱備了，才能算是一個明師。

第三十六章

入室弟子與傳承

　　入室弟子，典故出自《論語》，子曰：「由也升堂矣，未入於室也。」意思是說仲由（子路）的學問雖然不錯，但是還不夠精深。堂是正廳，室是內室；先入大門，再進大聽，後入於室，這是比喻為做學問的層次階段。

　　這邊，孔子說：「由也升堂矣，未入於室也。」是說子路的學識已到達中等階段，但還沒有進入到精湛高峰的境地。成語謂「登堂入室」，登上廳堂，進入內室，比喻由淺入深，達到很高的水準。

　　所以入室弟子真正的意思，是說學問或技藝或武功的水準，已達登峰造極的境界。武術宗門把「入門拜師」的徒弟引申而稱之為「入室弟子」，用這個辭彙來顯揚入門拜師弟子的崇位，以及對入門弟子的期望。

　　古時候學武術一向很重視拜師儀式，現代的武術界及某些藝術領域，然仍保持拜師制度。透過這個入門的拜師儀式，師生之間的關係就更升進了一層。師傅也因此而願將武功或技藝傾囊相授，弟子也能盡得其傳。因此做徒弟的都想成為「入室弟子」，建立師生關係，以求師傅能將武功或技藝毫無保留的傳授給他。

　　有些徒弟以為要入門拜師後，才能得到老師的真傳，

因此積極的想要成為入室弟子。

　　有些徒弟認為入室弟子是一種名份，被視為特殊的榮耀，不管功夫有沒有學成，我就是要先成為這個門派正式的入室弟子。

　　某些愛好虛名者，也往往利用這個名份，而嘟嚷說他是這門派的第幾代傳人。

　　師傅要收一個入室弟子，要先觀察弟子的品德、悟性、智慧及學習的誠意與態度，具備這些條件，才正式入門拜師，做為日後培養的傳承者。

　　傳承的傳是傳授、傳揚、傳播，承是承擔、承接、繼承。傳承就是把法理傳遞下去，一代一代的薪火相傳。由師傅將武功傳授給有緣弟子，一脈相承、代代相傳，而源遠流長。

　　我的老師，入門弟子約五、六十人，我是第一批入門，排行第二，大家都稱我為「二師兄」。入門弟子如波浪，來來去去，能定下來的很少，我曾建議老師，收入門弟子要先長期的檢驗考核，能夠接班傳承的才來收錄，老師接受了我的建議，從此就不再輕易的收錄入門弟子。

　　我們先後入門的師兄弟，如今都已分散，除了我和大師兄有繼續修煉武藝，及做一些傳承，其餘的都已消聲匿跡。

　　大師兄前幾年，收了一批入門弟子，依古禮舉香跪拜，這批入門弟子，現在不知還有幾個在練拳？祈望大師兄能有「入室弟子」出現，能繼續傳承本門武術。

　　我個人對於入門不入門，一向並不重視。要入我的

門，除了品格、武德、悟性之外，他必須是一個「老實練拳」者，視武術為自己的一項事業，每天至少要有兩小時的練拳，恆而不斷，日日精進。而且要練出內勁，成就內家功體，時機因緣具備了，才會收錄為入門弟子，不會強求勉行。

跟我學拳的人，並不是很多，我也不冀望桃李滿天下。有時看到練拳的學生，不能達到我要求的用功精進，難免有些意興闌珊。之前已停止教拳數年，之所以再復出教拳，乃因一位讀者看了我的書，透過大展出版社要了我的電話，三番五次的說，想跟我練拳，成就了此番復出的因緣。

我的學生之中，有一、兩位是想繼續的跟練，就看他們的學拳態度及努力程度，如果可以栽培，有一、二位的傳承者，足矣。否則就退隱，全心寫書，將我練拳的心得，盡敘於書，這也算是一種另類的傳承吧。

入門，對弟子而言，是一種使命感，是一種責任，要扛起師傅所托負永續傳承及發揚光大的責任，使這個宗門的武功，不會有斷層。這樣的入門、入室才有真正的意義。

第三十七章

借　勢　三　要　件

借勢是省力的原則，任何運動、動作都必須透過借勢這個機制，才能得到真正的鬆柔境地。在武術的格鬥藝術中，借勢能增添勁道勢力的疾速，及爆發力的結集與完整貫串。

缺漏了借勢，整體動作將會顯得僵拙呆滯，不能得到靈敏機動。而且在發勁的時候，它所呈現的直線單一面向的力道，是無法與借勢所營造出來的立體圓弧所構成的完整一氣的整勁相比擬的。

借勢有三個要件：

1、丹田內氣的鼓盪、收縮、擠壓、驅策、旋轉，簡單的說，就是丹田的內轉靈動所生起的無形勢力。

2、腳樁暗勁的運使。利用腳的暗樁入地所引生的摺疊反彈，去驅動身手，達到省力的原則。

3、腰的擰勁。依靠腳樁的二爭力運使，令腰胯產生自然的擰扭轉動。

在做發勁攻擊的時候，腰胯的擰抖所產生的快速摺疊，是唯一的「唯快不破」法則，其餘手腳局部直接伸縮的快，是得透過「時間加距離」才能運使出來的快，不是真正的快，這個快還是有破著的。

　　舉例運動項目中的借勢行為，譬如，跳水運動，兩腳必須去踩跳板，類似打樁動作，使身體上彈，再落水，這踩跳板類似打樁的動作，就是借勢。

　　又譬如，撐竿跳，助跑是一個借勢動作。當竹竿插地，兩手握著竿首，這時要用到丹田的氣力，將腳身往上提引。這個插竿就是打樁動作，運用竿的插入地底的暗樁，再依藉丹田氣的提領，而使兩腳及身體往上引升。

　　2016年里約奧運，許淑淨代表中華隊奪下女子舉重項目53公斤量級金牌，許淑淨以抓舉100公斤、挺舉112公斤，總計212公斤奪金，這之中靠的就是借勢。

　　在拳架中，譬如擺蓮腳，將右腳要往上提舉的時候，左腳必須藉助丹田氣去打慢版的暗樁，同時擰扭腰胯，使右腳借這股勢力而輕易的提舉起來。在擺蓮拍腳的時候，這些借勢的動作與勢力，仍然繼續存在與延伸的。

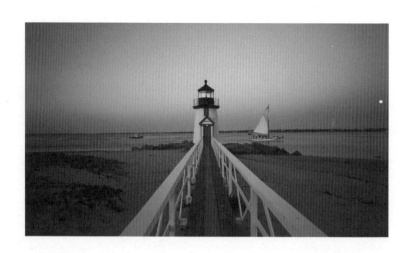

第三十八章

拳架的過門

　　過門，是音樂用語，在歌曲進行到一個段落空間時，用過門來潤飾這些空間，使得歌曲更圓融、更靈動、更活躍、更充滿色彩。

　　過門，是歌曲中穿插的一種變化，透過這個過門的變化、潤飾，使得整首歌更生動及賦予更多元化的韻致。

　　過門有承接、融合氣氛的功效。過門就像吃飯，要加一些配菜，或喝一些酒，以為助興。所以，一首歌若沒有過門穿梭其間，就會顯得枯燥又乏味。歌曲的過門有：節奏過門、特殊音效過門等等。

　　打拳也有過門，這個論述，很少人提講。打太極拳，大部分是慢而勻的，但是，如果整套拳架，都是一個固定的節奏，就會顯得有些死氣沉沉的，缺乏靈巧變化。

　　所以，會打拳的人，在前式與後式的承接中間，會巧妙的加上一個過門，這個過門函蓋節奏、添加些微動作、彰顯丹田氣的運行變轉、腰胯帶動身手的摺疊彈抖、手臂的磨蹭等等。

　　譬如，在同一節奏中，轉換為微快或微慢或快慢相間、相輔。

　　譬如，在勻動中，暫停半秒，由丹田去呈顯氣的鼓

盪、驅策、摺疊、挹注等等，讓人家看到內外相合的靈動，而不只是肢體的單一舞動。

譬如，眼神的傳遞，在動作當中，加上眼神的顧盼，左右傳神，而詮釋拳意內涵，是為另類而較為廣義的過門。

譬如，本門九九式太極拳的攬雀尾中，在右上掤後，會加上一個右纏手的動作，在擠後會加上一個翻掌的磨蹭動作，以資銜接。

又譬如，在第一段的摟膝拗步掌之後的左琵琶勢，會加上一個雙纏手，以為潤飾。

我用這樣的文字來描述，一般人是看不懂的，只有學練過這個拳，加上解說後，才知道我在說什麼。其實我主要論述的，只是在前招與後式之中，會嵌入一個過門動作，以為潤飾。九九式太極拳，雖然招式名稱是九十九式，而事實上，之中添增了不少的銜接動作，這就是所謂的過門。

又譬如，形意劈拳的暗勁階段，要做第一個「下拔」動作時，如果就直接由上往下拔，看起來顯得較為平直，我的打法，在「下拔」之前，會運用丹田氣先打入暗樁，以腳樁的暗勁將身子往前推送，手臂自然的跟隨而上前，再往下拔，也就是先做一個「借勢」的過門，使這個勢子順暢，再來做拔的動作，這樣整個動作看起來就順暢圓滑多了，就像歌唱中的轉音與延調一般。

拳架的過門，是一種潤飾銜接，使得動作更圓滿。會打拳的人，在前招與後式之間，會自然加上一個過門的動

作，以資連結貫串，如同圓弧之無端。

　　在一首歌曲中，過門通常是歌詞的唱作之暫歇，而以其他節奏或特殊音效，如鼓聲、或吉他、或二胡等來滋潤。

　　會唱歌的歌手，在歌詞的唱作之間，會以音調的轉音或延長或頓歇等等方式，來詮釋他的感情、心境、意象等，而添飾了一個自己特立獨行的曲風，也就是個人的唱歌風格，這些都是一種過門技巧。透過過門技巧，使得歌曲更富抑揚頓挫，而呈現出一種雄壯激勵或柔情或傷感等等的情懷意境。

　　打拳架如果平直鋪陳，像殭屍走路，欠缺拳韻靈魂，這個拳就沒有被欣賞的價值，因此，「過門」技巧，確為補救這一缺憾的靈丹。

第三十九章

教拳先教步

拳諺云：「教拳不教步，教步打師傅。」這是說明步法在拳術中所佔的重要地位。又說：「手到步也到，打人如拔草；手到步不到，打人不為妙。」又說：「步不穩則拳亂，步不快則拳慢。」在在證明步法的運用，是為實戰格鬥中，勝負取決的關鍵。

一般人都把「教拳不教步，教步打師傅」解釋成：師傅只教拳招，不教步法；因為一旦教會步法的運用，如果遇到叛逆的徒弟，可能因為功夫的增上而來造反，來打擊師傅。這純是依文解義的說法。

古時候，教拳的師傅往往會留一手功夫，不教徒弟，深怕教到惡徒弟，會來違逆老師，所以留一手，以防萬一。那麼，所留的這一手究竟是什麼？就是不教步法的運用。

當拳術練到一個通常的水準，如果再學會步法的虛實變化，則如虎添翼，功夫就更上一層樓，所以一旦遇到惡徒弟，師傅難免會遭致挨打。這就是「教拳不教步，教步打師傅」這句拳諺被一般人如是作解的大略意思吧？

個人覺得這一句拳諺，說的並不是很好，並不是很恰當。教拳如果不教步，那就乾脆不要出來教拳，一旦要教

拳，豈可不教步？不教步就不成拳，因為步，實為拳術中的重要結構之一，缺了這個步，將會變成跛腳之拳。師傅如若「識人不清」，枉收惡徒，在被打時也應該自我檢討一番吧？

步法既然如此重要，而做師傅的為了防患未然，為了預防逆徒的造反，而暗藏一手，不教步，在心態上就是一個瑕疵了，不能算是正規的師傅。

「教拳不教步，教步打師傅」這句拳諺，可以用另外一個角度來解釋，這個「步」應該是指台語的「步數」，也就是指「撇步」或「眉角」或「訣竅」之意。

整句諺語的意思是說，師傅教拳如果沒有把「撇步」或「眉角」或「訣竅」教出來，學生就得不到要領，學不好拳；反過來說，師傅若是能把這些「撇步」或「眉角」或「訣竅」毫無保留的傾囊相授，那麼學生的功夫將有可能會超越老師，青出於藍。這個「打師傅」的打，是一個形容辭，是超出、越過的意思，並不是真的要去打師傅的。這是我個人的見解。

步法涵蓋樁法，樁法基礎穩固了，才有步法可言。因為步法的寶貴之處，是在移步換位中，猶能立於平衡中定狀態，這樣才能在實戰時，立於不敗之地。

所以，武術的最初下手處，乃是樁功的修煉立基。形意拳有「練拳先站三年樁」的說法，形意門對樁功是非常重視的，沒有樁功，就沒有拳術可言；沒有地基，就沒有高樓可建。

現在的人，如若要求「練拳先站三年樁」，恐怕徒弟

會跑光光，因為站樁實在又苦又枯燥無聊，能夠堅持的甚少。

有人主張，除非為了技藝傳承，以當世的價值觀，站樁已非必要。但是，如果真的想練好拳，想成就功夫，還是得練站樁。變通方式，可以站樁與拳架同時一起併練。除非，是玩票性的練拳，則可忽視站樁。

有人說，現在社會現實面，已非行俠仗義的時代，你功夫練的很好，今天您老兄出去和人打架，打輸了面子掃地，打贏傷了對方，也要花錢才能消災了事，這樣是把功夫練好對？還是玩玩健身就好？

有人更說，功夫再好，能擋子彈嗎？這些說法、主張，實是對拳術、武功的價值觀，有了偏差的思想，這些見解，並不是正確的。

武術的價值，不是為了擋子彈；功夫的修煉，不是為了打架，這些都是消極不當的想法。如果學拳只是玩玩健身而已，則將被歸類於玩票式的練拳者，他不想吃站樁的苦，而且暗中鼓譟煽惑別人，叫人不必練站樁，叫人不必去成就功夫，只要玩玩健身就好。

若是不想成就功夫，只想玩玩健身就好，那又何苦闖入這個自己認為並無追求價值的武術呢？就自個兒去玩玩其他好玩又不苦的運動吧！

練拳的目的何在？只緣「男兒當自強」，一個人必須自強、自立、自重，這樣，在個人而言，才能建立自己的自信心，增進自己的膽識，在遇到突發事件時，才能夠處變而不驚，才能夠臨危而不亂。在家庭而言，你才能做為

家人遮風避雨的保護傘。男人是要保衛國家的，每個人都必須自強、自立、自重，國家才會有尊嚴，在國際舞台才不會受到無謂的打壓與欺凌。

武術是一種藝術。藝術可以薰陶心性，培養高超的人格，試觀中國歷代武將，如武聖關公、戚繼光、岳飛等等，不僅是武術高手，個個允文允武，正義參天，青史留名，令人敬仰。

武術是藝術的，它呈現了肢體之美、力學之美、速度之美、變化之美。武術追求禦敵防身、以弱勝強、以小制大、以柔克剛；武術涵蘊了哲學、科學與佛學，是深不可測的藝術。

藝術是真、善、美的表徵，所以武術也涵藏著明辨是非與追求真理的「真」，涵藏著實踐道德的「善」，涵藏著真善光輝的「美」。真善美窮究的是身、心、靈三者的週全與幸福。

藝術是無價的，武術也是無價的；藝術深不可測，武術也是深不可測，深處之中還有更深處，所以它的價值、高貴，並非世俗眼光所可思議、測量的。

所以，修煉武術，宜往真善美的意境去探索追求。修煉武術，不是為了打架、不是為了擋子彈，不是為了玩玩健身。武術的修煉，涵蓋著：天欲降大任於斯人的「苦其心志，勞其筋骨」，要堅強你的心志，要苦勞你的筋骨，而百煉成鋼，成為一個男子漢。

所以，在百煉中，站樁只是其中提煉的一環，若是心志不堅，怕苦勞你的筋骨，那就莫再談論練拳的事，好好

的去玩玩健身可也。

　　言歸正傳，拳諺所說的「教拳不教步，教步打師傅」，若依字意解，顯然是有瑕疵的，所以我就把它改成「教拳先教步，教步好師傅」。

　　個人教拳，都是先教步，這個步，涵蓋椿法。步法之中，還練形意的蹬步、太極的貓步、以及八卦的淌泥步、擺扣步等等。蹬步之中，還有前蹬步、後蹬步、交換蹬步等。前蹬與後蹬是兼練打椿，以便將來在椿功成就之後，而水到渠成的自然成就打椿功夫。交換蹬步是練習步法的靈活應變，在實戰時是常用的。

　　所以，一個好師傅，教拳要先教步，先教椿法，先奠立基礎，這才是好師傅。若是身為教練或已身為老師，卻一直主張以當世的價值觀，站椿已非必要等言，或言功夫再好也不能擋子彈等語，實非恰當。

第四十章

有疑則問

學生有疑問，老師不能嫌煩，而且要詳細的解說，至釋疑為止。

學生有很多種，有的疑問很多，有的沒有半個疑問。

有疑問當然是好事，有練才有疑；疑釋了，再練，功夫才會慢慢好起來。

如果沒有練，只是自己胡思妄想，憑空製造疑問；或只是看看書或聽人言說，而心中有疑，這樣的提問，只是增加一個知識而已，對於功夫的修煉不能增益，也不具意義。

我一向鼓勵學生多問問題，這表示他有在練拳，有練拳的話，一定會有問題產生，所以是一件好事。

老師如果怕學生提問，這個老師是有問題的，他可能沒有實證功夫，或者對拳理沒有融會貫通，有時會被問倒，而感覺沒有面子，對學生的提問就會顧左右而言他，或作種種推拖，或避而不答。

是我的學生，可以儘管提問，正當的提問與回答，可以獲益到周圍其他的人。

韓愈《師說》一文道：「師者，所以傳道、授業、解惑者也。」求學問一定要有老師。老師的職責是傳布人生

的道理、講授專業知識、解答疑難問題。

　　從教拳的理論而言，傳道，就是傳授拳理，譬如講解拳經、拳論、行功心解等拳意；授業，就是教功夫，包括樁法、步法、拳招、以及所有的功法；解惑，就是開破疑惑，解決各項疑難雜症的提問。

　　為師者，必須具備這三樣條件，才能稱之為師。不是你在前面比劃，學生跟在後面依樣畫葫蘆式跟隨式的教學。

　　國人的個性一向比較閉鎖，不善於主動發問。我的老師服務軍職，是陸軍官校的物理教授，個性比較嚴謹。我們以前跟老師學拳，遇到問題，我那些師兄弟不敢直接問老師，總是推我去問，因為他們都有一點怕老師，所以常常聽到：「二師兄，你幫忙去向老師問這個問題」等等的。

　　我對我的學生總是保持亦師亦友的態度，不會擺高姿態，跟學生是平行對等的，我只是學拳比較早，實際走過的路多一些，教拳只是把走過的路的捷徑告訴學生，當作是一個嚮導，指導一條明確而易行的道路，使他們更快的到達目的地。

第四十一章

碾　勁

　　碾字，含有磨轉、壓抑、吸附之意。

　　在拳術的步法中有「碾步」，利用腳掌的貼地而左右碾壓、磨擦轉動，達到換步及轉換身形的作用，所以，碾步有時也稱之為磨步，又因為腳掌在地面磨蹭的關係，亦稱之為蹭步。

　　步法中的「扣步」，是腳跟著地，前腳掌虛提，向內扣轉，而移動身形。

　　步法中的「擺步」，也是腳跟著地，前腳掌虛提向外擺移而變換身形。

　　在八卦掌中的走步，是走圓圈，所以有連續不斷的「擺步」與「扣步」，因為是走步的關係，所以腳掌是懸空略過，也就是所謂的「淌泥步」。

　　碾步有人稱之為「偷步」，因為它是在暗中移轉步法，偷偷的移動，讓你沒有感覺，是一種變轉虛實的運用，所以，碾步是屬於暗勁的一種。在拳架中，在推手或實戰中，虛實的轉換是非常重要的，步法虛實變化是否靈活，攸關勝敗。

　　碾步在步法中，擔當了部分虛實轉換的功能，也因為在碾步中而轉變了身形與勢力，使平衡中定得到保障，堅

固格鬥時的戰力。

碾步在健康養生中，透過足掌在地面的磨擦、研碾，得到按摩、擠壓作用，使腳底的穴道得到激化，增進氣血的流通暢達。

足掌的穴道很多，與身體五臟六腑息息相關，透過碾步功夫，可以達到健身的效果。在拳架的運使中，在身形、步法虛實移動的變化中，腳掌碾壓、研磨的活動持續進行，腳掌的前後、邊緣四週均能得到按摩、碾壓作用，起到養生的昇化功勞。

碾步的運使，必須配合丹田氣的傳導挹注，產生吸合抓地作用，使得腳的暗樁更能深入地底，而竄地生根，成就樁功，所以這個碾功也是一種活樁，在轉移、碾壓、磨蹭中，建構活動樁。

碾功的吸附抓地作用，可以強化樁功的穩固，在拳架運行中，保持中定平衡，而靈活意氣的轉換，達到圓活的境地；在發勁時，因為樁步穩固平衡的關係，更能發揮打樁的效果，使得發勁更加沉著鬆淨，而能專主一方。

碾功若把它侷限於腳掌，則屬於狹義的說法。在拳架的運使中，因腳樁的撐蹬、研磨、蹭壓等等作為所產生的前後二爭力、左右二爭力二、以及圓弧立體的互爭之力，使得全身各處，與外層空氣的接觸摩擦而引生的阻力之互爭，也會產生互相磨合、碾擠、壓蹭等作用，致令體內的氣也能因丹田氣的鼓盪、內轉、摺疊等運作，而內外相合，使得內氣與外氣互相激盪、擊撞，內勁因此得到強化，這是較為廣義的說法。

　　碾步可以間接而輔助成就樁功，以及打樁發勁效果。
下盤腳樁的碾功成就了，延伸至身手各處，手臂身體也能
與空氣的阻力互為相碾，互為磨蹭，下的工夫深了，碾勁
就出來了，磨蹭勁也出來了。

第四十二章

打樁神技

椿法、椿功，一向被內家拳修煉者所重視，更有「入門先練三年椿」的說法。孫祿堂先生的徒弟齊公博就是典型的例子。

一天，齊公博練站椿，也不知自己站了多久，孫祿堂走過來說：兩個時辰了，歇歇吧。

孫祿堂看著滿身汗水的齊公博，感觸地說：「公博，你可知世間練拳者多如牛毛，為何成就者卻少如麟角？這都是因為不知形意拳中的內勁是什麼，這三體式椿法是形意拳的基礎，一切拳法都起於三體式。只有日日練習，勿求速效，由微而著。此中絕無捷徑，也難取巧。」

孫錄堂很喜愛齊公博，為了讓他學好形意拳，只准他每日站三體式。開始，他站不到半個時辰就腿酸腳麻，疼痛難忍。齊公博是個意志堅強的硬漢子，三年的時間，專心致志，苦練不輟。

齊公博三年三體式的站椿，內勁已然成就。一天，齊公博與師兄比武，都被他一一擊倒，大家都不敢相信，他就是那個天天傻傻站椿的齊公博。齊公博終於成為有名的形意拳大師。

現在人練拳喜求速成，不想苦練三年椿，認為時代不

同，沒有那個必要。有人練站樁，一天站不到二十分鐘。試想，齊公博齊公博一天站兩個時辰，三年才內勁有成，若每天練二十分鐘的功力都能累積起來，也得花十八年的時間才能成就內勁。而事實上一天練二十分鐘，是於事無補的，就像煮水，沒到沸騰，終究還是生水。

樁功成就了，自然會打樁，自然會發勁，自然會用丹田氣去打樁。發勁的原理，是藉由丹田氣的鼓盪、驅策、挹注於腳底，瞬間去撞擊地面，而產生的摺疊反彈爆破力。所以真正會發勁的人，只是意念一動，丹田氣一鼓而已，不會像一般阿師，兩手前伸，奮力推去，糗態百出。

打樁有地面打樁，地面打樁有節拍打樁，節拍打樁有：一拍打一個樁，是為通常的打法。一拍打兩個樁，是為變化打法，是為比較高級的打法，譬如，形意劈拳拆練，把拔、鑽二動打成兩個樁，也就是拔一個樁，鑽一個樁，這兩個樁是連續而不斷的。

還有，就是一個樁打下去，卻有二股或三股丹田氣的加壓運送，也就是說一個節拍又分成二個或三個小節，聽起來好像很玄吧，只有會打樁的人才知到我在說什麼。

還有一種叫做預為打樁，也就是說，前頭一隻腳打了一個預備樁，但是這個樁並不是真正的在發勁，而是為了次後的後腳真正的打樁連帶發勁而加勢，也就是說前腳只是一個借勢、助勢的打樁，有了這個借勢、助勢的輔助樁而增加後腳的正式樁的整盤完整勢力，前樁是處於輔助地位，有了它的輔助而增進後來導入的正樁。

還有更玄的，就是空中打樁，在蹬步前進身體騰在空

中時,用丹田氣打樁,或許你會問,樁不是要打在地面,才能產生反作力嗎?

空中的空氣,是有質體的,它有阻力,會打樁即可打到這個空氣中的阻力,產生打樁的效果。

成就了樁功,嫻熟打樁神技,即知其義。

沒有樁功基礎,不知打樁為何物,看了這個論述,就當作聽故事,聽聽就好。

第四十三章

腰胯宜不鬆不緊

不鬆，是指不要懈漫、怠忽，也就是我常說的不可「頑鬆」。

不緊，是指不要用上拙力、死力，也就是蠻橫、剛拙之力。

腰胯，一旦走上頑鬆之路，將成為沒有活力的腰。腰胯，一旦步上蠻拙方向，將成為呆滯的桶腰。

太鬆（頑鬆）、太緊（蠻拙），那個腰就死定了，救不活了，變成死腰。腰要在不鬆不緊之間，半鬆半緊的矛盾狀態，才是對的。

太鬆懈或太緊縛，都不能使腰產生彈簧之勁，也就是說沒有彈簧的張力，

簡單的說，就是腰沒有掤彈之勁，因為事實上，腰是有掤勁的，這樣才能靈活而且富有承載力。腰胯不靈活，沒有承載力，就不能「接勁」，無法承接對手強大的來勢、來力，變成挨打的窘境。

腰胯的張力、彈簧勁、摺疊勁，來至「其根在腳」的二爭力、抓地吸附力，這些都是腳樁的暗勁入地之功，所以說樁功是非常重要的。

從腳根而腿而腰而手所連結的一條根（同一條筋），

都必須一貫地完整串聯，不可分崩離析，這一條根（一條筋）如果分離散掉，則成斷勁。

不鬆不緊，是一種矛盾現象，需要老師親自解說、示範，以及善用「感覺教法」讓學生去感覺而易於悟入，這是教學上非常重要的課題，也只有老師自己成就了這個功夫，才能說的上來，才能教的出來。

第四十四章

接　勁

　　利用巧妙的技法，將對手強大的來勢、來力，承接到腳底，使自己立於不敗之地，順勢予以還擊，謂之接勁。

　　接勁不是用雙手或身體去做頂抗，來平衡自己的失勢、敗勢，去力挽狂瀾。所謂頂抗就是身體上某一部位被對手推壓、控制或逼迫，在無法走化的情況下，以自己的雙手或在被推壓、控制、逼迫的部位，使用頑拙抗拒之局部勢力，藉此企圖得到逃脫、化解，閃躲危機。

　　接勁是一種高層次、高水準的走化，它不必透過閃躲、避正的方式去化解對手的強大勢力，而是將對手的強大勢力承接到腳底，對手的勢力並未因為這樣的承接而消除，這股勢力被我所承接後，是被我所控制著，我是伺機而做適時、適當的回擊，或讓對手有一個台階可下，主動的關閉或遲緩攻勢。所以接勁實為一種高階的走化。

　　接勁的條件有：一、手的掤勁。二、腳底椿功的穩固。三、靈敏的聽勁。

　　手的掤勁與腳底椿功的穩固，可透過站椿而成就，或經由拳架與基本功而練就。掤勁是一種張力，有彈簧般的承載力，可承接、化解強大的壓迫力。然而手的掤勁必須有腰胯及腳椿的底基之配合承受，才能做出完美的接勁。

　　腳椿的暗勁深入地底，所產生的摺疊反彈勁，不僅可以卸掉對手的來勢，更能將這股勢力，因我借勢打椿所引生的反彈勁，轉化而增進成為我的勢力，使我在接勁後所產生的反擊力道更為強勁。

　　腰胯是接勁這一條線、這一條根的一個中間點，透過這個中間點，順勢將對手的來力引至腳底，卸去對手的強大勢力而加以承接。腰際、腰間是丹田氣集聚的範圍，暗椿的深入地底，必須藉由丹田氣的挹注。

　　聽勁，須經由老師的餵勁，才能漸漸產生靈敏的觸覺。

　　本門形意劈拳拆練，撤步拔，運用前腳往後撐的勁道，使身體往後撤，同時雙手做下拔動作，在後腳達到定位時，打椿，踩煞車，此時因打椿的關係而產生一股反作力，兩手在拔後會摺疊向前衝出。這些動作，定位、打椿、踩煞車等所產生的反彈摺疊，有著接勁的效果，可以拿來做為接勁的單練。

　　我的師伯黃景星先生在世的時候，曾經對我說，高雄市鞠老師的得意弟子王○士先生，與他有過推手的切磋，王總是認為師伯一直在頂抗。師伯說，我這是接勁，不是頂抗，王誤會錯解了。師伯對我示範了接勁與頂抗的差異，我當下就了解了。王因為一直強攻，師伯只是輕鬆的接勁，就是有反打，也只是輕輕的拔其根而已，根被拔已屬敗勢局面，師伯已留一手，不會讓對方太難看。

　　師伯雖已作古，但如今想起師伯的言教身教，不由讓我更肅然起敬，師伯的學養、武德以及為人處事作風的極低調，是我應該學習的榜樣。

第四十五章

伸筋拔骨與縮筋藏骨

「伸筋拔骨」就是把筋骨伸展、拔放開來，也就是曲中求直的意思。

在曲蓄當中，還有伸展拔放之意，也就隨曲就伸之意，在鬆柔之中，仍就有伸展拔放的內涵。

筋骨要在曲中求直之中，在微曲之中，把筋伸展開來，把骨拔放出來，透過這樣伸拔，使筋骨達到鬆開，令氣蓄積在筋骨之內，增進筋骨的彈簧之性。

氣的沉墜積蓄於筋骨之內，更加深了筋骨的拉拔放長，而筋骨鬆開的拉拔放長，能使氣在筋骨內更加充填而實滿，形成相輔相成的良性循環作用。

「伸筋拔骨」是練法，「縮筋藏骨」是指用法而言，譬如在推手的應用中，對方強大的來勢來力驅進我身，如果以土法去迎接，就是扭腰、晃肩、搖臀式的擺動，卸去來力。高明的走化，則是運用縮筋藏骨的特別技法，巧妙的化去來勢。

那麼，筋如何縮收？骨如何落藏？縮筋藏骨，只是一個作意，意念一轉，丹田氣一落，已然達成縮筋藏骨的動作，也就是說，只是意、氣一鬆而已。

外表形式上的縮筋落骨，譬如奧運項目中的「吊

環」，運動員手握鐵環，轉動肩、肘、腕等關節，而變換角度與方位，是為外表形式上的轉筋骨，我們這邊所講的，不是這種外表形式上的轉筋骨。這都是有形的，太極拳的走化，如果用上這種外表形式上的轉筋骨，尚屬於最低階的走化方式，也是一般人所慣用的自然消解勢力壓迫的方法，是一種不必透過學習而能自行而知的方法，所以它不是屬於功夫的層面範圍。

某些系統，有轉肩轉骨的練法，強調肩胛及各個關節的轉動，這是屬於一種練法，而不是走化中的用法。

太極拳所論說的「摺疊」，已然全部涵蓋了這些轉肩、轉骨、轉關節的範疇，而且這個「摺疊」，還概括了用法中的攻擊與防守中的走化，遠非一般的轉肩轉骨的練法，以及轉肩轉骨的低階走化所可相提並論。

高階的縮筋藏骨式的走化，是在練就了靈敏的聽勁，進而達到懂勁的神明階段，所呈現的神經自然反射作用，在鬆沉中所表現的高層次、高水準的懂勁功夫，也就是太極拳論中所說的「一羽不能加，蠅蟲不能落」以及「人不知我，我獨知人」的高深境界。

縮筋藏骨技法，是一種內氣的潛沉、暗移、挪藏、神隱、歸化，瞬間剎那閃逝，消跡無蹤，令人無法捉摸。

縮筋藏骨神技與一般俗流的轉肩胛、旋骨輪的形式上的走化，完全是二碼事，不能擺在一起相比擬、相共論的。所以，縮筋藏骨它是一種高階的「化勁」，也是一種出神入化的「化境」。

我的師伯黃景星先生，他就到達了這種高深的境界，

師伯在世的時候，我跟他練推手，不論出手快或慢，不論出力重或輕，師伯總是一個鬆沉，氣一坍，根本看不到他有身形上稍微移轉走化的動作，就把我的攻勢，化於無形，我就好像打到空氣一般。

　　在往後的日子當中，我再也沒有遇到像師伯這樣精湛的走化懂勁功夫。那些推手比賽的鬥牛冠軍，總還脫離不了搖肩擺臀、摟抱頂抗式的走化與打法，與此，相去何止十萬八千里。

第四十六章

格鬥戰略㈠ 破門

　　格鬥中最重要的戰略，就是打空門。空門，就像古時候的城門，城門如果大開，敵人就很容易攻進城內，所以，守城門就變成很重要的戰略。

　　在格鬥的實戰中，兩軍相對，互相找對方的空門，做為攻擊的目標。在防守中，也是要做到不露空門，不讓對方有下手攻擊的機會，因此，守中門及破中門，已然成為格鬥時，不可忽視的策略。

　　中門，泛指人體的正面，由頭至腳。一般的技擊，守中門大約都是防守頭臉到胸腹之間，因為這些部位，是較為脆弱的地方，一旦受到打擊，很容易受到傷害而失去戰鬥能力，所以在格鬥時，要儘量保護中門部位，以防受到狙擊，落為敗勢。

　　人們常說，攻擊是最好的防守，意思是說攻擊是勝於防守的，因為你主動攻擊時，對方必定要做出防守的配套，變成被動態勢，主動權操之在我，對方成為挨打的標靶。

　　但是在主動發動攻擊，自己也會不由然的會露出空門，因為手一旦伸出，自然要露出空門的。所以有些高手在格鬥時，不會輕易出手，自己先露出空門，而是靜觀其

變，等待對方出手後，再做應變措施。行功心解說：「彼不動，我不動。」即此意也。

行功心解又說：「彼微動，我先動。」在對方的初動、微動中，己方要有預警的感知，也就是說，你要預知對方的意向，他將會有怎麼樣的攻擊動作，而做出適當的應變。

對方近身朝我出手打來，自己不但不可畏怯，反而要勇疾的驅進，去攔截他的勁路，使他的力道在中途受到攔截，而削減他的攻擊行進勢力。

在中途攔進中，以手的聽勁去沾黏對方的雙手或身體，控制他的動向。在這種情形之下，我方已然進入他的中門，也可以說，我已入了他的門，入了門之後，就可更進一步的登堂入室，攻入他的內門，也就是說，他的城門已經將臨被破開，處於失守的局面。

在彼不動，我不動的情況下，雙方總不能一直僵在那邊，那麼在這個情況下，要如何去破門，如何去破開對方的中門呢？

驅身前進，出手虛晃一招，對方必定會做出因應，譬如說用手來格擋或退後或閃避等等，當他用手來格擋時，我就以手去沾黏他，又因為己身已貼近對方，可以用身體的若干部位去沾黏他，發揮聽勁機制，達成破門及入門效果。他如果後退，我則乘勝追擊，奪門而入，直取先機。

高手可以故意露出空門，引君入甕。也就是說，我讓出中門，使中門空曠著，引對手攻進來，因為我是以靜待動，以逸待勞，心中早已做好準備，只等你來入甕。對方

看到有空門可入、可攻，往往芳心暗喜而不顧大局，先搶入門，攻入中門，殊不知自己也因此而露出空門，反被逮得，這是屬於心理作戰的範疇，拳法不離兵法，用兵不厭詐，而在於勝算。

故露空門，必須是自己有相當的自信，你一拳打來，我自信是能化解的，不管是迎身去沾黏，或去攔截，或化中帶打等等，對於你的來擊勢力，是胸有成竹的，是桌上取柑的，因為我可以預計所有的配套措施，從容應付的。

形意拳的「硬打硬進無遮攔」，我搶進中門，破門而入，不管虛招、實招，你格擋也好，你沾黏也罷，我一個蹬步搶進，就是硬進硬打，讓你無法遮攔，要遮攔也遮攔不住，因為形意的這個硬打硬進，並非胡打亂進，它在打、進之間，猶容有連隨聽勁機制的發揮，透過這個連隨聽勁的發揮，才有「硬打硬進無遮攔」的神效之展露，絕不是那些胡纏爛打的街頭式的幹架方式所可相提並論的。

八卦是避正打斜，不必去破你的中門或入你的正門；然而避開你的正門或中門，入到你的偏門，或說斜門，如果取到了主控權，依然可說是已經打入了你的正門或中門，這是依用法、戰術而說，已經不必依外勢形式而論矣。

太極的聽勁打法，就是貼身近打，不管你中門守得多好，我就是要貼身而入你的門，透過沾黏連隨的聽勁、摸勁，探知你的來龍去脈，而入你的門，去打你。

破門，有形式上的破門，運用各種招式或方法，譬如撥開或撞擊或引誘等法，使你的防守架勢，露出空門，也

就是說先讓你的防禦，露出空曠的無防守狀態，而入你的門。

形意的硬打硬進，八卦的避正打斜，太極的聽勁貼身，等等打法，有著另類的破門方式，不必刻意去做形式上破門，而已然完成破門的效果。

第四十七章

矛盾勁

矛與盾，是互相對立的事物。在內家拳來說，矛盾勁是一種互相交叉、往復來回、及立體圓弧對抗所產生的一股極為特殊的勁道。

矛盾勁的面向，涵蓋上下、左右、前後、內外以及立體圓弧所因應而生的對立與對抗，在推進、轉折、驅策、壓縮等等內勁運籌機制之中，產生一波一波、重重疊疊的阻礙之互爭力道。

內家拳，不論運氣、運勁、運樁等等，都需要透過這個矛盾所產生的互爭、互抗、互扭、互擰所營生出來的阻力，才能加大力、氣、勁的輸運，而成就內勁的修煉。

太極拳一向講究圓弧，所有的動作都要求圓順，但是如果只做到圓弧的順當，而缺乏矛盾的阻力參與其中，那麼，這個順當的圓弧動作，只不過是體操式的運動罷了，不能得到功夫中的內勁，也就是說，這樣的鍛鍊，是無法成就內勁功夫的。

所謂矛盾勁，就是在運勁時，我要向前，好像有人阻著我，不讓我向前；我要向後，好像有人拉著我的手，不讓我向後；前後是如此，左右、上下、內外，也是如此。那麼，到底是誰在阻著我？誰在拉著我呢？事實上並沒有

人阻著我、拉著我，是我自己在拉扯我自己，是我自己在營造這股互爭、互抗、互扭、互擰所引生出來的阻力。

這個阻力要如何去自我營造呢？

太極拳經說：「其根在腳，……由腳而腿而腰，……形於手。」這個阻力是經由腳的互相撐蹬所產生的矛盾二爭力而致之的。腳有二爭力，連帶而上的腿、胯、腰、手，也會有二爭力產生，也有阻力會產生，因為它是一個「完整一氣」的整勁之運行。

打拳架，完全是「其根在腳」的，由腳根去拖曳身體，拖曳雙手。腳是在先的，最後才是手，腳是火車頭，身手是車箱。

手完全是被腳根所拖曳而牽動的，加上腳的二爭力、跨腰的二爭力等等的配合運使，使得手在被牽動運行時的阻力更為強烈，也因此而成就了手的掤勁與沉勁。

空氣是有阻力的，把空氣當作水，模擬為「陸地行舟」，當身手與空氣互相磨合、磨擦時，就如行舟時的槳，劃入水中所產生的阻力，若沒有這股阻力，這個舟就無由前進了。

空氣的阻力，與腳樁深入地底而營造出來的暗勁二爭力，兩者之間的互爭、互抗、互扭、互擰、互扯、互牽，而產生的重重疊疊的阻力，是成就內勁彙聚積蓄所不可或缺的要素之一，練習拳架或基礎功，都不能離開這個根本要素，否則再鬆再柔的練功，都將被圍限於體操運動模式，無法成就內勁功體。

所以，這些林林總總互爭的矛盾勁，所產生的阻力，

都必須在慢中去運為的；快了就感覺不到它在運行中所產生的二爭力、阻力及矛盾勁。

腳的二爭力必須有樁功的基礎，才能運使暗勁，使腳樁能身入地底，這樣所營造出來的暗進二爭力，才有真實的阻力效果；若是沒有樁功的基底，沒有丹田氣的注入，那麼這個二爭力還是隸屬於拙力範疇，對於內勁功體的成就是無補的。

手臂的撐裹所產生的矛盾二爭力，在撐裹之中會形成一個樁的基座，這就是手的樁，在沉的點，如肩或肘會形成一個樁的基座，形成一個二爭力的矛盾樁。延伸於腰胯或其餘各處，亦復如是，舉一反三矣。

形意暗勁階段的練習，都是在練腳樁的撐蹬暗勁二爭力，連帶而上的牽動腿、胯、腰、手等，使之成為一個環狀的螺旋結構體，成為一條根的結構體，成為完整一氣的結構體。

八卦的滾、鑽、裹、爭，都是抱圓的螺旋，都涵蘊著外撐與內裹，都有外放與內縮的矛盾二爭力，在預備式的青龍探爪招勢，兩手臂往左時，腰胯是往右擰的，所有的動作都是互爭、互抗、互扭、互擰、互扯、互牽的，都是得去營造完整一氣的二爭力暗勁的，由暗勁二爭力所產生的阻力而彙聚成就內勁能量。

太極的慢勻，陸地行舟，也是在運使暗勁二爭力，也是藉由二爭力去營造互相牽扯的阻力，而成就完整一氣的內勁功體。

所以說，形意、八卦、太極，雖然招式不一，然而內

質是相同的，是殊途同歸的，走的路雖異，但是到達羅馬
的目標是一致的。

第四十八章

「暗勁」別解

何謂暗勁？

「暗自較勁」，謂之暗勁。

練內家拳，大家皆知什麼叫暗勁。

形意拳有明勁、暗勁、化勁的說法及練法。

明與暗是一個對立面。明勁，是顯之於外的，從外表、外形，可以用肉眼看到勁道的呈現。暗勁，是潛藏於內的，於外看不到勁道的行進過程。

練內家拳，內勁有成就者，透過自己的「暗自較勁」，成就運勁如百煉鋼功夫，運用「暗自較勁」的運勁過程，使自己斂聚於體內的內勁質量更充實、更渾厚。

什麼是「暗自較勁」？

運用腳樁的二爭力、腰胯的二爭力、手臂的二爭力等，去運使前後、左右、上下等往復來回所引生的摺疊反作力，同時自我營造出重重疊疊的阻力，使暗勁在體內因二爭力所引發的阻力更強烈、更激盪，透過這樣的「暗自較勁」、「自我較勁」、「自己運勁」的修煉，終而成就百煉鋼的甚深功夫。

第四十九章

虛擬技法與實戰

　　有學員問我，如果自己虛擬一個格鬥中的技法，譬如想像對方用某某招法來打我，我就用某種勢法來應付，然後將這個勢法拿來單練，這樣可以嗎？

　　虛擬一個技法，做為單練，是一種可行的練法，單練熟悉後，最好有真人來模擬實練，增加臨場感。

　　然而這些練法，是屬於制式的練習，它是固定不變的技式。在實際的格鬥中是千變萬化的，與自我虛擬或有人配套而做固式的練習，有著極大的差異，因為它究竟還是一種死法。

　　拳法貴在變化，所以在虛擬技法演練熟稔後，仍然要練習沒有配套的真境、實境練習，也就是不拘形式的自由實戰對練。這樣在遇到真實場面，才不會心虛懼畏，因為已然習慣於真實戰場。

　　在網路上，常常會看到一些影音的播放，老師示範招式用法，把學生打得東倒西歪，那些用法乍看好像很實用，也很厲害，但是大家必須了解，這只是一種示範性的教學方式，只是粗略的告訴你這個招式的大概用法，在真正的實戰格鬥中，你所看到的這些用法，你不一定能用得上來，而且我敢說，就連那個示範的老師，在遇到實打場

景，恐怕也不能做到像表演示範時的這麼高竿的。

　　所以這些虛擬式的用法及自我模擬的練法，都是屬於封固式的練法，不是戰場上可以拿做實戰型的用法，要實際上戰場之前，除了這些練法之外，還得透過真實的對戰練習，讓自己習慣於真境實況格鬥中的隨機應變。

　　因為在詭譎的戰鬥中，沒有固定不變的招法，沒有配套，沒有對招與拆招，所依憑的是自然的反應與變化，若沒有經過實習、實戰去體驗真實境況，只是自己在那邊虛擬用法，自己摸索練習，或只做配套、配招式的練習，那麼，遇到真實打鬥場面，恐怕會落到無從招架的窘境。

第五十章

「不用力」的真實義

　　太極的不用力之中，事實上是含力的，只是大家都沒去察覺而已。

　　但這力，不是拙力，是自己不自覺的自然力；練功有成的人，這力，涵蓋著氣與內暗勁。

　　練太極拳到底要不要用力，大家都會毫不猶豫的說：「用意不用力」。但我們在舉手投足間，事實上是用了力的，只是大家都沒有察覺而已。不用力，手是舉不起來的，腳也無法邁步出去。

　　練太極拳，用拙力是不對的，但是如果盲目而沉醉於這種舉手投足間的不自覺的不用力，是練不出內勁功夫的，也就是說，你在練功、盤架子之中，自覺不用力（事實上在舉手投足間，是用了力的，只是沒察覺罷了。）就以為符太極鬆柔的原則，但這空心的頑鬆，是無濟於功夫的養成的，只是體操罷了。

　　所以還是要用力，而我所主張的用力，不是刻意去營造出來的笨拙之力，而是一種暗勁。這種暗勁，自己要用心去感覺，體會錯了，就走入拙力方向的胡同去了，無法救拔，永遠不能練就內家功夫。

　　如何去感覺這種暗勁？

　　譬如太極起勢，兩手臂輕輕緩緩慢慢的提起，到胸間，手指微微下垂，指派另一人握住你的手指，往下輕輕的拉，然後停住，你去感覺，手臂如同握釣竿，有魚上鉤似的沉重感，再去感覺手臂上緣的整條筋的捧提，這個捧提是掤勁的養成要素。

　　你也可以用自己的手，輕壓另一隻手，去感受下壓的壓力，去感受在這種壓力下，你那一隻被壓迫的手臂的筋、骨，有沒有承受到一股微微的沉重之感，筋、骨有沒有因此而有被拉扯伸開的感覺，有這種感覺就練對了；如果沒有感覺，就是你用上了硬拙力去頂抗。

　　你必須要練到沒有人壓你的手，卻似乎有人壓著你的手的沉甸感覺，這樣的感覺都必須靠自己去營造，去思維，去模擬想像，去默識揣摩的，透過不斷的實踐，終會有所體悟的。

　　盤架子，自始至終，都要有這種捧提的有感壓力（應該說是暗勁比較恰當），行進過程皆要保持這個微小而微妙的有感沉壓，感覺手臂的筋是有被拉扯開來的，雖然事實上並無人拉扯著你，但這種拉扯、捧提、以及行進間的阻力，必須靠自己去營造。

　　內行的師傅可以應用各種方法、動作或譬喻，讓你去感覺這種阻力，以及伸筋拔骨的爭力，只是這樣的師傅並不多見，有些則是秘而不傳。

第五十一章

不著力與著力

形意大師郭雲深先生說：「所謂化勁乃周身四肢動轉，起落進退皆不著力，專以神意運用之；雖然周身動轉不著力，亦不能全不著力，總在神意之貫通耳。」

此語乍看，似乎前後互相矛盾，而事實上並不矛盾。

前句說：「化勁乃周身四肢動轉，起落進退皆不著力，專以神意運用之。」這是指功夫已經到達「懂勁」的境地，已經到達「階及神明」的境地，到了這個「化勁（化境）」的境地，起落進退等等招法、勢法、走法、化法，都是以「神意運之」的，這個神意是因為功夫已達於「出神入化」的境地，已臻於爐火純青的極高神妙境界，所以只要神意一到，即能氣到、勁到，不需著力而運矣。

後句說：「雖然周身動轉不著力，亦不能全不著力，總在神意之貫通耳。」這邊所說的「雖然周身動轉不著力」，是指不著一絲的拙力而言。

「亦不能全不著力」，這裡所言之「著力」是指運勁而言，非指「著到拙力」而說的，也就是說在發勁或化勁時，是需要運勁的，所以才再會說「總在神意之貫通耳」。如果「著到拙力」，則非屬「神意貫通」之範疇。

第五十二章

親近老師

學拳最重要的一件事，就是親近老師。因為「師者，所以傳道、授業、解惑也。」求學問一定要有老師，學拳也是一定要有老師。老師的職責是傳授人生的真理、講解專業的技能知識、解答疑難雜症各項問題。

從拳的理論而言，傳道，就是傳授拳理，譬如講解拳經、拳論、行功心解等拳意；授業，就是教功夫，包括樁法、步法、拳招、以及所有的功法；解惑，就是解說疑惑，開破各項疑難雜症的提問。

學拳練功夫，沒有無師自通，一定要有老師的教授，所以，你要先理解拳中的義理，要先詳細了知拳經、拳論、行功心解等拳意，知道這些經論到底在敘述什麼。還有你要學拳技，包括拳勢、拳招、步法、樁法、如何打樁、如何發勁等等，都需要老師的親身指導。

最重要的是你在學拳當中，必定會遇到很多疑問，如果沒有透過老師的解答，那麼，這個疑問就會一直存在心中，阻礙練拳的徑路。

現代授拳方式不像古時，古代習拳是師生共居一室，朝夕相處，師生情深，關係宛如父子。如今時代不同，學拳都是去老師的道館或公園等，一、兩個小時練完就各自

回家，師生相處的時間有限，有疑問也無法得到很完整滿意的回答。

所以，找時間多親近老師是必要的。不但在正課當中要多靠近老師，在課餘之時，也要與老師多保持連續，建立感情，奠立了深厚的師生感情，老師的寶，你才能全部得到。

我的師伯黃景星先生，在世時收了兩個入門弟子，他們在正課練拳時，總是離師伯遠遠的，我偶而會去師伯的練習場，師伯曾向我搖頭嘆息說，這兩位學生離我那麼遠，真不知怎麼教他們。

倒是我喜歡親近師伯，無話不說，師伯也不吝嗇的將很多拳理告訴我。

我一得空就往師伯家跑，師伯那時是開中藥店，兼針灸推拿正骨等。年輕時候喜歡喝啤酒，師伯也喜歡，我去時都是攜半打罐裝台啤，及一些花生與切料，天南地北的聊起來，但是都會回歸到拳上面，也會練練推手及散打。我很多拳技都是師伯傳授的，譬如推手餵勁等等。師伯雖已作古多年，我還是非常的感恩師伯的，也深切的懷念師伯的。

親近老師也需靠一些緣份，有那個緣就自然會互相親近，互相得緣；有些緣，是得靠自己去培養，內心有一份情感，自然會培養出這個「緣」。

第五十三章

特殊感覺教學法

　　一般教練或老師教拳，都是自己站在前頭帶領，學生在老師屁股後面依樣畫葫蘆，做學生的也不知道自己畫的像不像，做老師的頂多下來改改拳，調一調姿勢，這樣就了事了。

　　現在的太極拳教練場，幾乎都是這樣在教學。在公園、學校及各種活動場所，都可以看到這些景象，讓人覺得太極拳好像蓬勃發展，是一種全民運動。

　　太極拳若只是一種普通的活動，一種體操運動，這樣的教學法，或許還說的過去。然而，太極拳是一種特殊的武術運動，不是侷限於健康養身而已，它還涵蓋著防身技擊的格鬥藝術，所以，只有兼具健康與技擊格鬥藝術者，才是真正的太極拳，其他搔首弄姿、比手畫腳的運動模式，僅能說是太極操而已。

　　早期，我初練太極拳，是在鳳山體育場的廣場，它屬於某協會的一支，教練是一個女士，身體很柔軟，打拳也蠻好看的。我參加她們的團隊練拳，站在後面跟著練，也沒有人來指導我，他們拳打完了，練太極劍、刀、扇子，練完各自回家。

　　有一次，我有一個式子打的並不怎麼順，就去問教

練，問說這個式，為什麼要這麼打？它的作用是什麼？我為什麼打不順？問題出在哪兒？她一點也答不出，只讓我跟著她模仿著練。之後，我就不去練了，我知道這不是我要的。如今二、三十年過去了，那個女教練，依然在那個團隊當教練，真是感慨萬千，令人噓唏。

台灣的太極拳就只侷限在這些框框嗎？太極拳武術的發展，只落於全民的太極操嗎？

以前某縣太極拳協會總教練黃某，為了要學我們這一門的八卦掌，來拜我的老師入了門，當時老師傳下來的規定，要學本門八卦掌必須要正式拜師入門，才能教授，後來我覺得這個規定，已經不符合時規，建議取消，老師也隨順建議，取消了這個規定。但是黃總教練當時是居於這個規定而拜師的。

黃總教練入門受學後，學了一套形意二十四拐，但是八卦沒有學成，就不來了。之後黃總教練來找我，說：「二師兄，你來教我八卦掌，好嗎？」他雖然身為總教練，還是稱呼我為二師兄，因為我入門比他早，這個輩份，是論輩不論歲的。

我答應了他，他也來練了幾次，但他的記憶力及領悟力並不是很好的，有時我反覆的示範及解說，他還是練不好，後來可能自己覺得不好意思，就不來了，所以八卦他是沒有學成的。

他所學的形意二十四拐，也在他所領導的團隊教授學生，我有時經過他的教練場會停下來駐看一會兒，他的形意二十四拐，學岔了，成為硬拳系統的打法，是用手臂的

局部力、僵拙力在打，打起來就是不順暢的，不綿接的，是用吃奶力在打的，這不是我們的形意二十四拐。現在市面上，有很多團體在學打這個形意二十四拐，但都是走樣、變樣的二十四拐，都是變調的杖法。

黃總教練也曾要我教他推手及發勁，我也不吝的教他，我餵他勁，他沒辦法領悟，而且沒練樁法，腳根無力，發勁只能憑兩手臂的蠻力，無法借地之力，也可以說，他的基礎並沒有打好，我也勸他多練站樁，但他身為協會的總教練，要他再從基礎學起，並不是他想要的，所以他一直沒有學到真正的功夫，但是他的拳架學得很多，刀、劍、棍、扇子等等，都會耍兩下，所以能成為總教練，我想全台灣不乏這樣有名無實的教練。

黃總教練算是我的師弟，我們的情誼是不錯的，我提這件事，是對事不對人，沒有評論人身的意思。我只是要說明，自己本身沒學好拳技，將要如何教人呢？

要身為人師、身為太極拳老師，必須自己先學會兩件事：一、功體的成就，包括腳的樁功、丹田氣的凝聚與運作、手的掤勁等等，而且要學會打樁及發勁等用法。二、要深讀並且理解拳經、拳論、行功心解等拳意，譬如，什麼是摺疊，為什麼往復要有摺疊，摺疊的體與用要如何練，如何用。又譬如，什麼是其根在腳，其根在腳要怎麼練，怎麼用等等，都要知其深意。這樣你才能教學生，指導學生如何練拳。不是只會拳勢、招式，就能教人。

佛藏經說：「身未證法而在高座，身自不知而教人者，必墮地獄。」這是佛說的。自己本身尚未證悟佛法，

卻在高座為人講經說法；自己沒有實證功夫，不明佛法的真正內涵，卻要教人家佛法，教人家修行，這些人的下場，必定會墮到地獄去受苦，因為他本身尚未開悟，尚未能解悟佛法的真實義，就會曲解佛法，誤導眾生，甚至走到岔路去，走到邪門歪道去，罪過極大，所以必墮地獄。

佛法不離世間法，世間法，你如果沒有真正得法，沒學到真正的技藝功夫，而去唬弄人家，而去教人家，這樣會不會墮到地獄裡去，我不知道，但卻是有過失的，在人格上是有缺憾的。

拳法、拳術、武術，雖屬於世間法，然而世間法是涵蓋著佛法的內質的，任何世間法都有佛法的內涵。《六祖壇經》云：「佛法在世間，不離世間覺。」宇宙萬法的運行，本自存在於世間，所以拳法也通於佛法。

佛法的修行，先求開悟明心，悟後起修，開悟以後才是修行的開始。修煉拳術也是如此，要先悟解拳意。如果一個拳師教拳，只是讓學生跟在屁股後面依樣畫符，這就好比一個法師，成天只代領著徒弟，照儀規頌經、唸咒、禮拜、打坐，卻不講解佛法的真實義，不教開悟的方法，這只是徒具形式的修行，不能成佛。

拳術的修煉，從感覺開始。拳師教拳，有言教及身教；言教就是口頭講解，口述若學生聽不明白，則須用身體去示範。然而，口傳身授，有其限度，所以有時還得加上一些譬喻，以各種方式來引喻，助其更深的理解。

練拳首重感覺，感覺到了，就算是有了一個初步的小悟。譬如，我說蘋果長得圓圓的，顏色紅紅的，吃起來味

道甜甜酸酸的，你如果沒有看過蘋果，吃過蘋果，只能憑空想像。你如果拿一顆實物蘋果，讓他看，讓他吃，他馬上就知道蘋果的形狀、樣貌及味道。

我的教學方法，就是採用這個特殊的感覺教學法。譬如教站樁，形意的三體式技擊樁，自己先示範一個站姿，然後講解前四後六，前撐後蹬等法，講解丹田氣如何運到腳根，說明「其根在腳」的義理，這前半段的教學，屬於口述身授階段，接下來，是讓學生自己來操演，學生站後，當然要先校正姿勢，姿勢擺正了，就是要他們去感覺了。要感覺什麼呢？

譬如前撐後蹬二爭力暗勁的運使，我從前面按他，讓他的後腳根來承接我的施力點，有承接到，他的後腳力量會經由全身所連結的一條根（通筋），直接傳到手上，感覺很紮實的，這是後腳蹬勁的感覺法。

前腳往後撐勁，道理是一樣的，我會由背後去按他，讓他前腳往後撐。然後我一個前按，一個後按，他就自然會去運使「前撐後蹬」的二爭力了。

丹田氣如何去挹注到腳根？我按著學生的雙手或胸口，他已經知道兩腳撐蹬的要領了，自然會應用雙腳的暗勁來承接這股壓力，這時我就教他用手去摸自己的丹田，丹田此時發揮了運氣的效果，它有鼓盪、驅策、挹注的作為，它是有動態的，有動作的，這樣他就知道丹田氣的運用了。這種丹田氣的鼓盪、驅策、挹注等等運為，在發勁打樁時，是同一個道理的，在學員練發勁時，我會告訴他，發勁是要打樁的，打樁時，丹田是甚麼狀態，摸摸肚

子，摸摸丹田就可體會出來。

　　撐蹬二爭力，是全身均具的，包括腿、腰胯、肩胛、雙手等等，如何讓學生去感覺呢？

　　譬如本門的內勁單練法——雲手，在左雲時，右腳要往左蹬勁，左腳則反向撐住，使之形成二爭力，此時我會手去阻礙他，使他在左雲時產生阻力，他若是用手的局部力頂抗，就會呈現出僵拙的硬力，我就會教他把手放鬆，只要輕輕的捧提著就好，手只是一個工具，力量要從腳使出來，手雖不用力，但掤勁要有，筋要伸張著，氣要注於筋脈內。幾番調整模擬後，他就有所領會了。

　　手是如此，腰胯也是一樣，譬如本門的內勁單練法－翻蓋掌，在往下、往後捋時，腰胯是要側坐的，透過一個摺疊擰腰，後腳使暗勁往前蹬勁，前腳撐住，二爭力就出來了，手的阻力也出來了。

　　這個練法，我會用我的腳以暗勁去頂住他的前腳，增加他前腳往後撐以及後腳往前蹬的力道，使得二爭力暗勁的運使更為強烈，這樣，腰胯的擰勁也出來了，丹田氣也更加紮實了。

　　關於打樁，對初學者而言，是比較難於體會的一項。譬如本門的穿採單練法以及抖掌暗勁慢練法，一個動作的完成會有兩個樁要打，他們練的時候都會習慣於用腳的肌力去硬使，沒有打下暗樁所自然引生的彈簧力，也就是說沒有借到腳樁碰觸地面所產生的彈力，這樣練起來就感覺卡卡的，僵硬而拙滯的，因為還不習慣於打樁的緣故。這種情況下，你再怎麼講解，他們還是無法全盤了知，只能

親自下手去讓他們以身體去感覺。

　　我會按住他們的雙肩，施壓暗勁往下按，那個勁道就到腳底了，也自然的產生了回彈之勁，連續按了幾次，他們就理解了，知道打樁如何練了。所以遇到難以突破的地方，只能藉助身體的碰觸、施運，讓他們去感覺，這種感覺式的教法比起唇舌的講說更有效果。

　　在推手餵勁之中，更是涵蘊著「感覺」的練法，不是土法煉鋼式的去練三轉，以及練腿力、腰力的，這些練法，都是王宗岳老前輩所說的「斯技旁門」，這些都是先天自然之能，與功夫無關。

　　特殊感覺教學法，是我教拳的經驗與心得，毫無保留的提供分享，我這個法分布出去，也不怕人學，若能廣益大眾，也算是一件好事。

　　沒有實證功夫的教練、老師，看了這則教學經驗，他也學不來，因為他沒有看到、吃到真正的蘋果，不能體會蘋果的真面貌，與蘋果的真味道。

第五十四章

入門與真功夫

一、入門才能學到真功夫嗎？

中國傳統武術，較為注重師生關係及師生感情，入室弟子就如同父子一般，入了門，入了室，則視師如父，所以才有「師父」這個名詞留傳下來。弟子入了門，做師父的也願意將功夫傾囊相授。

西方人情感沒有我們豐富，它們比較重視現實，你有實際功夫，他就跟你學，這些都是東西文化，習俗的不同。

入室弟子不一定就能學到真功夫，這要看他的悟力，以及他有沒有認真老實的練拳。我的老師收錄的入門弟子有五、六十人，能學到功夫的也寥寥可數，如今都已鳥獸散。

我教拳二十餘年，從來不收入門弟子，因為現在練拳的人，大都沒有定性，有恆心、有毅力的漢子很難遇上，只有隨緣。

我的學生中，有位跟我學拳也有五、六年了，我教他什麼他就學什麼，從來不會要求多教。我教拳是觀察學生的學拳進境，而採行應有的教程；學生如若還未達到某個

層次水準，你教他較深一層的功夫，是毫無用處的，就譬如一個小學生，你教他數學可以，若教他幾何學，鐵定是鴨子聽雷，「聽嘸」。

這位學生如今內勁功體已有小成，如能更精進用功，大成之日是指日可待的，但是他也沒有入門這些儀式。所以，能否學到真功夫，是要看學生學習的態度，看他有沒有努力用心，至於入門與否，並不是那麼的重要。

二、努力勝於入門

努力加上悟性好，成就一定勝過不努力而且頭腦魯鈍的入室弟子，所以入門、入室都只是形式表徵而已，對於武功的成就，不是那麼重要。入門、入室，都是老師與學生的虛榮心作崇罷了。

老師以為，我收了入門弟子，可以榮耀我的宗門，可以有個接班傳承之人，自認為是一件光彩的事。做弟子的以為，我入了門，就成為正式的入室弟子，我將有可能成為這個宗派的掌門或接班，等等。

入門，只是一種形式，並不是外表鍍了金，就認為自己是真金。如果入了門而不認真老實練拳，沒有練出真正的內勁功體，不只是沒榮耀可言，反而礙了老師收錄入門的一番美意。

做老師的，也無須蒙上這虛妄的榮譽，它是不實際的，當你收錄了百千個入室弟子，卻沒有一個練出真功夫，反而毀了當初收錄時的殷切期望。

三、拜師只能有一個嗎？

　　拜師儀式只是一種傳統習俗，不是法律所規定，只是說，當你拜了師，入了這個門，就是要敦促自己能對這門的武術有所成就，不宜見異思遷。

　　若這門的功夫已經成就了，想求更高深的功夫，當然可再另尋明師求學，這並不違背武術道德的範圍層面的。

　　一個有度量的師父，當他已把所有的功夫都傳授給徒弟時，他會主動推薦別的明師給徒弟，使他的功夫能更上一層樓。只有小氣的師父，才會想綁住徒弟，讓他去為自己的門派效勞。

　　一個徒弟，如果貪多，同時拜了多位師父，那有可能每樣功夫都學不精，學不好，弄巧成拙，浪費時間與金錢。

第五十五章

二爭力只形意拳有嗎？

有人問，二爭力只有形意拳才有嗎？其他武術或運動有嗎？

事實上二爭力不只形意有，太極、八卦亦有，其他武術也有，只是一般學者較少去注意與論述。

因為形意、太極、八卦，三家拳我比較偏愛形意，對形意也比較有深刻體會與心得，所以在我的論述篇幅中，對形意的描述是多了一些。

在運動方面，譬如打棒球或高爾夫球，手在揮棒時，也是如武術一樣的，力量由後腳根借地力而起，由腳而腿而腰而手，在揮棒的剎那，後腳的實與前腳的虛，雖然立地的比重是後重前輕，但卻是有互爭之力的；若後腳用力之際，前腳若沒有反撐之勁的話，不僅會失去重心，那個揮棒的力量也不能完全施放出來。

又譬如划船，槳伸入水中，水有阻力，與槳形成一股二爭力，若無這個阻力所形成的二爭力，船是無法被划動前進的。

太極的慢，是二爭力與阻力的呈現，如果沒有透過腳的二爭力，連帶而上至腰胯及雙手，那麼這個太極的慢，則是一種不如實的虛慢，也就是說這個慢，純是時間與動

作的故意拖延，是一種虛假的放慢，不是透過二爭力所呈顯的真慢，這種虛假的慢，是空心的，是無法產生阻力的，也無法成就內勁的。

八卦的滾、鑽、裹、爭，如預備式的青龍探爪，兩手臂往右時，腰胯是往左擰的，所有的動作都是互爭、互抗、互扭、互擰的螺旋，都蘊藏著外撐與內裹，都有外放與內縮的二爭力的，在所有的招勢中，無論步法的擺扣，身法的穿梭以及手法的轉換，都是得去營造二爭力的，由暗勁二爭力所產生的滾、鑽、裹、爭等阻力而累積成就內勁能量。

所以說，形意、八卦、太極，雖然練法各異，招式不同，而二爭力的內質是相似的，走的路雖不一，但卻是殊途同歸的，成就功體的目標是一致的。

第五十六章

「掤勁」我解

一、掤勁似釣竿

手握釣竿，魚兒上鉤，魚的重量使釣竿的尾端下墜，釣竿的彈性，控制著魚的掙扎，之中，微墜而不落失的勁道，是為掤勁。

二、掤勁如海水

海水有張力，有捧力，可承載萬噸巨艦而不沉。將一只球按入水中，頃放手，球被彈出，是為掤勁。

掤，是捧意，是承載意，如水負舟，飄浮不難。

掤的面向：譬如，釣竿是向下的面向；載舟是向上的面向。

掤勁涵蓋立體圓弧，四面八方，鉅細靡遺的各種面向。

第五十七章

發勁只在剎那間

　　在網路常會看到發勁的影音播放，千篇一律，都是老師雙手一伸，身體向前一傾，兩手用力推去，然後被推的人就往後急退十幾步。更有些套招的，老師只是輕輕一送，學生就唏哩呼嚕的崩跌出去，有時還會在地下滾上好幾圈。這就給一般人烙下了一個印象及影像，以為發勁就是這個模式，以為太極拳的發勁，就是讓人飛出去，崩跌數十步，才算是發勁。

　　事實上，發勁有很多種方法，上面的所說的是為其中一種，但是這種發勁法，必須是有恰當的時機，才會有那個效果，也就是說，對方有一股強烈勢力急襲而來，被我適時承接而回打，這個回打是配合了反作用力，如果沒有反作用力的配合，是難以有崩跌與疾退的效果的。

　　而這個反作用力的配合，必須有靈敏的聽勁及懂勁功夫為前提，才能致之的，也就是說，你具備了靈敏的聽勁及懂勁功夫，剛好遇上對手的強烈勢力的進襲，而搭配了我適時承接而回打所產生的反作用力，才會有這種神奇的發勁效果。

　　所以，如果沒有對方的一股急襲的強烈勢力逼近我身，而是我主動的去向對手做推按的發勁動作，是難以有

急退崩跌的場景的，如果有的話，都難免有配套的成份在內，這是值得去仔細辨識的，不要一直被唬弄了。

另一種發勁方式，你一掌或一拳打下去，對方並沒有倒退數十幾步，甚至一步也沒有退，但是那一掌一拳的威力，卻直逼你的內臟深處，讓你驚悚惶恐，有如末日將至的粉身碎骨之感。形意的發勁就是這個模式，乾脆俐落，不拖泥帶水，藉著驅身、蹬步、丹田氣的運使以及打樁神技，達到摧毀的目的。

若沒驅身、蹬步的話，則是依藉丹田勁的瞬間爆破與打樁所引生的摺疊反作用力做為發勁的憑藉。打樁是可以產生電能的，這已被科學家實證，振動可以產生龐大的能量（請參閱拙作《內家拳引玉》第17章發勁與電能一文），而打樁所產生的振動質量是超過百千倍的，如果你成就了樁功與打樁神技，這個樁打下去，所產生的摺疊而反彈的反作用力，是非常驚人的。

形意的發勁，藉由打樁所產生的反彈力，如今已被科學家證實振動可以產生電能的論述，將可印證在發勁打樁的實作之上而無疑。故樁功與打樁，在發勁的理論上是可以成立而被相信的，也因此而說，練拳如果不練樁功，不練打樁技法，那麼他的發勁，是不切實際的，是含有拙力成份的。也因此而可說，練拳不練樁（功），到老一場空。

發勁，只是一個作意，也就是說剎那間閃過一個念頭，那個意一到，勁已然同步上身，意與勁是一體的，所以說，發勁只是剎那間的事，發勁只在剎那間。

發勁，並不是雙手奮力去推人，因為這還類屬拙力範

疇，因為他的樁功沒有入地，沒有樁功的基礎，也不會打樁，所以只能探身、伸臂用力向前推去。另外一干人是屬於套招的耍雜者，那些騙人的發勁把戲，只能戲弄無知之人。

真正會發勁的人，用的是神意，不是用外力，而且身體內外都是保持鬆柔狀態的，不會緊握拳頭，即使握拳也是鬆握的，只在碰撞到對手的身體時，才會有鼓勁的情形。

鼓勁，事實上就是束身裹勁，筋肌是有掤提之意，但保持著彈簧之性，剛柔並具。所以，只在打到對手的一剎那間，才顯露出發勁的樣態。

形意拳的發勁，大約都是如此的，在必要時，瞬間一點而已，不會如臨大敵般的緊繃神經，而是沉著氣靜的待敵而動的。

真正的發勁，真正會發勁的人，在發勁時，只是一個「作意」而已，只是意念一閃，一個念頭乍現，勁已崩出，如炸彈的爆破，是無預警的，只在剎那間。所以，發勁是一種突發、突現的事，不會再有「蓄而後發」的狀況，也就是說真正的發勁，是不必透過「蓄勁」這個階段的，若還需透過蓄勁這個階段，那這個發勁已然慢了半拍，若還要蓄勁而後發，將會預露自己的形跡，也就是把自己的內餡露出外頭，讓人有跡可尋了。

《西遊記》裡面的妖魔鬼怪，都是隱掛著美麗莊重的外表，但在無所遁形的時刻，不得以就得露出原形，或是在孫悟空的金箍棒神擊之下，即刻露出醜態，這是名副其

實的真身只在剎那間。

　　那些裝模作樣的奮力推人，以及套招式的發勁把戲，個個都是《西遊記》裡，穿著華麗，人模人樣的妖魔鬼怪，專門來矇騙不識者，來唬弄外行者。

　　現今這些裝神弄鬼的武林撈仔，將會在我的拙筆（金箍棒）的棒喝下，露出原形，只賸部分少數的愚癡者，才會繼續被唬弄與矇騙。

第五十八章

尋師覓徒

以前的修行人，為了開悟明心，不惜行腳千萬里去尋找明師，只為成就佛道。

學拳的人，也有千里尋師，萬里求藝的事。我的老師學拳，從太極拳起練，一段時間，他的啟蒙老師說，我已沒有功夫教你，你到台北找某名師吧。

老師整裝準備到台北拜訪名師，因當時是服軍職，半途要在台中辦一些事，就在台中待了一夜，隔天一早到台中公園練拳，巧遇王樹金先生教拳。兩人有緣，試了王樹金先生一拳，被震出十餘步，就此拜在王樹金先生門下，學習形意、八卦、太極。

老師每星期，往返台中一次，學一天拳才回新營的家或鳳山的宿舍，如是數年，功夫底成。為了求功夫，不畏路途遙遠勞累，這種精神是值得欽佩與學習的。

現在的人學拳，可舒服了，道場就在附近，有些道場更是裝潢華麗，冷氣空調好不舒適。但是學拳的人，並不是都很認真精進的，成就功夫的人反而很少。

學拳不一定要到舒適有冷氣的豪華道場，你圖舒服、氣派，學費定然不貲，比一般外場的貴很多。學拳最重要的是要看老師，觀察這個老師是否有真功夫，觀察老師會

不會教拳。

　　有些老師功夫很好，但不會教，不懂拳的經論道理，不懂得用比喻的方法去開破拳意，不能讓學生很快的悟入拳的意境，致令練拳的路程，走起來顯得困困頓頓的，事倍而功半，很快就怠墮了。所以，「法師須精三藏十二部，拳師應懂拳經行功解」，做為一個法師，他的職責不在於幫人誦經、超度、作法，而是要升座講經說法，幫人開悟明心，悟後起修，而《三藏十二部經》是開智慧的經，身為法師，若不精三藏十二部經，卻身在高座，只講一些世間法，是無資格被稱為法師的。同理，一個拳師，若只會打拳，而不諳拳經、拳論、行功心解等精義，也是無法教出好的徒弟的。

　　有些投機取巧的學生，會阿諛奉承老師，甚至用財物賄賂老師，想以金錢換取功夫。但是，學功夫並不是用錢買得到的，你必須用心用力，努力學習，要花時間去練拳，用腦筋去思維，這樣才能有所成就。

　　據聞，某師在還不是很出名時曾攜大筆現金，有人說是新台幣二十萬，有人說是一百萬，兌換成美金帶到大陸去訪尋名師，沒多久，錢花光了，回台後向人宣稱學了很多功夫。他現在也稍有了名氣，學生蠻多的。

　　從現實面來講，此師花錢花得並不冤枉，他的經營招徠手法算是成功的。但是二十萬或一百萬，真的能學到功夫嗎？如果錢能買到功夫，那就好辦了，大家都不必那麼辛苦的練拳了。或許你會說，花錢可能比較容易得到一些拳的秘訣，成就會比較迅速。

　　其實不然，練拳從來沒有秘訣，所有的「秘」都藏在拳經、拳論、行功心解裏面，此外別無秘訣，若人言稱：「我這是楊家秘傳」、「我這是陳家秘傳」、「我是郝家秘傳」、「我是……」，這些都是唬弄人的。

　　練拳，只要老實的練，用心的思維，所有的秘，都會被你悟出來，經、論、解、歌，在說些什麼，你都能知曉，不必到大陸去尋名師，不必無謂冤枉的去花二十萬或一百萬。

　　你如果能老實練拳，用心思悟，自然水到渠成，所有的功夫都會自己生出來，悟性好的，也不必老師教了，自己就能徹通拳理，解悟拳意，甚至青出於藍，功夫超勝老師。

　　練拳也從來沒有速成，你必須苦其心志，勞其筋骨，長期磨鍊，始克有成。所以，不要聽那些阿師的誑言，誤信短期可以成就內家功夫，這些都不是真實語，要知所辨別。

　　尋明師不易，覓好徒也難，一切都得靠緣份。好徒弟並不能四處去尋覓，更不能跑到別人的道場去挖角，只能從受學的學生中去觀察，去栽培自己認可的徒弟。

　　現在學拳的人，來來去去，有定性的人不多，能老實練拳的人更是鳳毛麟角，能自我要求的人可說是稀有。若問學生說，你在課餘有沒有抽空練拳，他們的回答都是「有空就練一下」，練一下，怎麼能成就功夫呢？功夫是要靠時間去累積的。所以，想成就功夫，必須每天安排至少兩小時的時間練拳，按表操課，這樣才有可能成就內家

功夫。

若是學了一段時間，覺得自己的功夫沒有什麼進境，要先檢討自己有沒有下工夫去練拳，不要先抱怨老師沒有教好。若是自己有認真的練，有用心的思悟，卻覺得沒有學到功夫，只會打打拳架、套路，而沒有學會打樁、運樁、運氣、運勁、發勁等等內家功夫，這時就要考慮是否要另尋明師了。

尋師、覓徒，都是靠一個緣字，沒有那個緣，遇不到明師。有時明師就在你附近，但是，往往「近廟欺神」，明明那個廟是很神靈的，但是就因為在你家隔壁，習以為常，並不覺得寶貝，也不想去恭敬禮拜，總是要千里迢迢去遠山朝聖才覺過癮。

人的心態就是如此矛盾，遠來的和尚會唸經，外國的月亮比較圓，也因此而失之交臂，錯過好因緣。

所以，不要以貌取人，看那個老師瘦骨嶙峋，就認定他不怎樣。練內家的，不是每個人都長的熊腰虎背的，魁梧彪悍的；有些人外表溫文儒雅，斯文謙恭有禮，沒有傲人的氣焰，但卻有深不可測的武功。孫祿堂身材瘦小，鄭曼青矮矮的，吳圖南身體高瘦，卻都是一代宗師。

孔子的學生子羽，相貌醜陋，孔子不太喜歡他，子羽很認真努力求學，終於有成，聲望很高，他的弟子有三百餘人，各諸侯都傳誦他的名字。孔子後來很遺憾的說：「我憑外貌看人好壞，對子羽判斷錯誤了。」所以後時才有「以貌取人，失之子羽」的典故。

學拳若以外貌擇師，也將會有孔子「失之子羽」的憾

事，即使遇到有真功夫的老師，也會失之交臂，錯過好老師。

　　孫祿堂的徒弟齊公博生性魯直，孫祿堂也沒有放棄，僅教他站樁，齊公博憨憨的站，一站就是三年，不畏風雨，樁功終於有成，功夫大進，成為有名的形意拳師。

　　師擇徒，因材施教，要具慧眼，不可看人憨魯而輕視，否則將會有「失之子羽」的遺憾。徒尋師，更要有慧眼，不要誤判。

　　師徒的聚會，是一個緣，而緣聚、緣散，要看雙方間相互感情的培養深淺而定。我最欣賞吳圖南老前輩，據傳他一生只收錄一個入門弟子馬有清先生，師徒情深，形同父子，令人羨慕，也成為武林一段佳話。

第五十九章

發勁要束身裹勁

發勁，要將體內的氣與勁整束、匯聚起來，將氣勁裹住而不散亂，好像鐵皮包著火藥，蓄勢待發。

一把竹筷，分散是沒有力量的，只有把它們結紮綁固在一起，才能發揮整體效用。在發勁時，我們要綁結的是體內的氣與勁。

束身之勢，像形意的虎抱頭，手肘貼近兩肋，手臂與身體連結相依，氣要沉於丹田，落腰胯，並引氣入到腳樁，樁入了地，藉著打樁產生的反彈摺疊，使勁道產生爆破威力。

束身就像靈貓捕鼠，縮著身，只待鼠輩出現，即刻縱跳撲獵。

裹勁，是將氣勁包裹起來，隱密含藏起來，使之不外露發散。裹勁是利用暗勁及丹田的含蓄，將氣與勁匯集密藏於體內。

裹勁必須束身，束身才能裹勁。束身與裹勁是一體的，是不可分離。

發勁時的束身裹勁，這樣會不會預露自己的外形身勢，而讓對方有形可察？有機可乘呢？

事實上，束身裹勁與發勁是同時進行的動作，不是先

　　束了身，裹了勁，然後再發勁的，譬如，在上步搶進攻擊時，已經同時同步完成束身裹勁的動作。

　　在防守中的接勁亦然，在接勁的剎那已然同時完成束身裹勁的作略，而不是先束了身，裹了勁，然後再接勁的。

第六十章

格鬥戰略（二） 搭橋

　　高雄大樹區的張○景老師，他的長棍，據我所見過的，能出其右者，甚少。他常說一句棍訣：「有橋順過橋，嘸橋添做橋。」意思是說，有橋可過的時候，你就順著橋走過去；那沒橋的時候，怎麼辦呢？這時就要想辦法去搭一個便橋，才好通過。

　　這是長棍用法歌訣之一，有橋，就是兩軍對峙時，有了互相的沾黏，以棍法來說，就是兩方的棍，有互靠、互貼、互黏、互纏等等的碰觸，也因為互相碰觸的關係，而連帶產生了可被運用的聽覺（聽勁），由棍身所引生的觸感傳遞到觸覺神經，而有聽勁的變化運用，這是指雙方的棍有互觸的情況而言的。

　　那麼，雙方的棍沒有互觸的情況下，也就是說沒橋可過，沒有觸感的傳遞，沒有聽勁可資運用時，唯一的方法，就是「搭橋」。

　　「有橋順過橋，嘸橋添做橋。」這棍法的歌訣，是適用於拳法的，也適用於推手及格鬥藝術的。這「搭橋」就是「引」的意思，「引進落空合即出」的「引」。

　　在格鬥中，對手的中門，防守堅固，看起來好像無機可乘，無縫可攻，這時就得利用「搭橋」技巧來「引」

他，這個「引」有兩種方式。

第一種，使用虛招引他，譬如，虛晃一招打他頭部，或下盤，此時他就會有防守動作出來，不是閃躲，就是跳開，在他閃躲或跳開時，我就硬打硬進，讓他兵敗如山倒。他若不閃、不跳，必然會用手來格擋，這樣，他就會露出空門，讓我有機可乘。還有他用手來格擋時，正中我計，讓我有沾黏聽打的機會產生，我就利用沾連黏隨的推手聽勁打法來因應之。

第二種，我中門故意放空，來個「引君入甕」。對方看我中門落空，認為有機可乘，有可能會貿然搶進，正好中了我計，我就來個「甕中捉鱉」，逮他正著。

對方在搶進之時，我要有「後發先到」的能耐，截他的勁源，搶先闖入他的空門，才有致勝的機會。這個「後發先到」的能耐，我必須有相當的自信及膽識，才敢去做這個動作。

如果不做「後發先到」的攻略，那就等對方的拳將到未到時，或已到時亦無妨，就用我的手去沾黏他，或用身體去做化、接的技法。化，就是先走化之後再打，再攻擊；接，是指接勁，用身體去接他的勁，這必得有相當的功力，才敢去接勁的。

「搭橋」就似「鋪橋造路」，利用一個「引」字，用各種引法，讓他來幫我「鋪橋造路」，好讓我有橋可過，有路可走，這就是「搭橋」。

「引」是格鬥中一個極佳的策略。打手歌云：「引進落空合即出，沾連黏隨不丟頂；任他巨力來打我，牽動四

兩撥千斤。」沾，是貼附著而不分離，是輕沾之意；連，是連續不斷；黏，是較深重的吸附，拔不開之意；隨，追隨、跟隨、隨機而動之意。在推手或實戰時，雙手隨著時機、動向而輕輕的沾對方，或深黏吸附著，以及連綿接續的跟隨對方，伺機而動，能這樣的不丟開也不頂抗對方，這樣就能取得勝利的契機，有了這個「沾連黏隨不丟頂」的聽勁功夫，就能有「引進落空合即出」的效果。

引進，就是引誘敵人進來，引進來不是讓他來打我，而是讓他的勢力、能量落空，讓他的根盤虛浮而起，好讓我來打他。引進落空有兩個層面，第一，我早已胸有成竹，以逸待勞在那邊等你送肉上來。第二，利用盤手、揉手功夫來牽制引誘，使你不知不覺的上鉤。

合，也有兩層意義，第一，是迎合，在敵方勢力落空時，我伺機迎合上去，控制他，使他不能脫逃；第二，這個合是含有覆蓋、包圍包抄之意，也就是趁敵勢力削減時，以我的強大氣勢去掩蓋他，透過這樣的掩覆、壓蓋、包抄而把敵人順勢打出。

能夠「沾連黏隨不丟頂」就能夠「引進落空合即出」，也就是說，你先得具備「沾連黏隨不丟頂」的聽勁功夫，才能夠有「引進落空合即出」的戰略效果。這打手歌的辭句，是一種倒裝句，中國的古文都喜用倒裝句，這是要特別注意去分辨的。就像太極拳論的那句「非關學力而有為也」，這「學力」就是倒裝句，應是「力學」努力學習之意，若把它成誤會為「學習力量」，那意思就天差地別了，完全相反了，但是很多阿師都把它解成「學習力

量」，誤會大矣。

　　能夠「沾連黏隨不丟頂，引進落空合即出」，那麼，任他有天大的力量來攻擊我，都發生不了作用，因為我只要應用四兩之力，即可化打千斤之力，可以以小搏大，以弱勝強，以柔克剛，百戰不殆。

　　引，有引進，也有引退。引進，就是前面講的「引進落空合即出」，大家都已耳熟能詳，不必再贅言。

　　引退，就是引誘逼退對方，也就是我虛張聲勢，大聲一吼，一個箭步，一個蹬步，向前衝撞，直逼對方的中門，不管你中門守的多麼嚴謹，我就是要破你的門。這個進，是我自己進去，不是把對方引進我身，而是我驅進他身，所以這個「進」是有前提要件的，不是盲進瞎撞的送肉去給人家吃的。這個撞進，就是形意拳的「硬打硬進無遮攔」的硬進，它的前提要件，是你必須先具備了樁功的基礎，以及打樁、蹬步的實力，你才會有那個膽識與氣勢去闖關，否則就是自己送上門去挨打。所以，我「硬打硬進無遮攔」的硬進，實質上就是一種「引退」，引其退後的虛實變化戰略。

　　對方若是硬撐而不退，必然要拿手來格擋，我就搭上了橋，我就有「沾連黏隨不丟頂」的聽勁打法可資應用，進而發揮「引進落空合即出」的戰略，以及「牽動四兩撥千斤」的技法，不再怕他的巨力來打我了。

　　「搭橋」是太極拳的重要戰略之一，也是所有的內家拳都熟諳的戰略技法，懂得如何去「破門」，如何去「搭橋」，是格鬥藝術中較為玄妙的秘法。

第六十一章

筋領骨而行

以內家拳的立場來說，打拳是筋帶著骨肉而行，而拖曳的，筋是主角，骨肉是配角。

骨頭質地堅硬，肌肉伸縮性不如筋。

惟筋有伸張縮放的彈性，能拖骨肉而行，而不顯得笨拙與僵硬。

筋吊著骨肉而捧提，才有沉墜之感，沉勁乃生；捧提日久，掤勁始成。

筋如洋娃娃手臂內的鬆緊帶，要緊貼縛黏著。站樁、盤架子，這條鬆緊帶，這一條筋不能斷離，一旦斷離，勁也就斷掉了。

筋要伸開、鬆開、撐開，令氣注入，乃能成就彈抖內勁，在發勁時，才能令人彈跌而出。

第六十二章

放箭也陰陽？

　　行功心解云：「發勁如放箭。」這是比喻發勁速度的快速，就像拉弓一放，箭已入靶。

　　發勁完全是丹田氣的鼓盪作用，所產生的一種氣爆，所以它的速度，就如迅雷一般，是不及掩耳的，你聽到迅雷一響，還來不及用手去掩耳，雷聲已響徹雲霄。

　　某師在他的論述「『發勁如放箭』的箭如何『放』？」一文中，有如是敘述：

　　「箭所以會被射出去，其起動源頭並不在箭頭，而是在箭尾。……其力道的傳遞最先透過箭尾部分，接著傳到箭身，最後再傳到箭頭。因此，以流程看，應該是箭尾先動的，……在事理分析中，很清楚地知道，先透過箭尾，接著傳到箭身，最後再傳到箭頭，合乎自然現象的認識。起動點遠離對手接搭點處，對手想要『聽』到的時機延後，當強大勁力傳輸到對手能聽到的時候再想反應，幾乎已來不及，而克敵致勝。此外，拉弓瞄向靶心之後，在放箭之前，通常都有一個再向後拉，使弓及絃再度繃緊而後放的作為，是一個非常重要的必須而自然的作為，有如拳經拳論所謂的『引進落空』的『引進』，從陰陽的立場看，這一『再向後拉』，就是『陰陽』作為之前的

『陰』，使對手再落空一下，隨即『陽』出，這關係著發勁效果。願讀者多思考、多驗證。」

　　發勁如放箭，只是一種比喻，比喻發勁的神速。此師把「『發勁如放箭』的箭如何『放』？」拿來作文章，算是他的發想或心得，似無不可，但他對於這個「箭如何放？」作了一個自心的意想，是否能使讀者獲益？是考驗大家的智慧，在這邊，我就以他的論述而提出個人的看法，供讀者參考。

　　放箭其力源之傳遞，由箭尾、箭身、到箭頭，此乃物理力學現象，無須多作細述。

　　此師說：「起動點遠離對手接搭點處，對手想要『聽』到的時機延後，當強大勁力傳輸到對手能聽到的時候再想反應，幾乎已來不及，而克敵致勝。」

　　他是用放箭的走向流程而喻推手時，力點的到達處之時機，也就是說，力點出於箭尾，再經箭身，再到箭頭，它的起動點（箭尾）是離對手接搭點比較遠的，所以，當箭尾的力源經由箭身而到達箭頭時，對手的「聽勁」時機將會延後，也就是說，因時間的延遲，對手在反應時，已經慢了半拍、已經來不及了，能利用這個原理，即能克敵致勝。

　　此說似乎有理，但未免太鑽牛角尖了，實際上的發勁，是如放箭般的，是如氣爆般的，這箭是一個整體，氣爆也是一個整體，是無法分割的，雖有時間流程的先後，但在實際被射傷或炸傷時，只是剎那間的事。

　　在推手中，或實戰中，一掌一拳打出去，雖有時間、

空間上的流程，但你是無法去掌握它的力源的傳輸流程的。而且，高手發勁，只是一個作意，意念一閃，勁已到身，並無分辨力源傳輸流程的機會。故謂此師之說，是為個人之心思發想，這個論述，在實質面並不能使讀者有所獲益。

此外，此師說：「拉弓瞄向靶心之後，在放箭之前，通常都有一個再向後拉，使弓及絃再度繃緊而後放的作為，是一個非常重要的必須而自然的作為，有如拳經拳論所謂的『引進落空』的『引進』，從陰陽的立場看，這一『再向後拉』，就是『陰陽』作為之前的『陰』，使對手再落空一下，隨即『陽』出，這關係著發勁效果。」

會射箭的人，是一口氣拉滿弓的，不會在放箭之前，還有一個向後拉，也不會先拉半弓瞄準靶心之後，再拉後半弓，因為這後半弓的力量反而是不好使的，行功心解說：「蓄而後發」，蓄完勁後，就得放箭發勁，不會蓄了一次勁，再蓄第二次勁，所謂一鼓作氣，再而衰，三而竭是也。

所以，此師所謂的「在放箭之前，再向後拉，使弓及絃再度繃緊而後放的作為，是一個非常重要的必須而自然的作為」，這個說法是值得被檢視的。

此師說：「這一個『再向後拉』有如拳經拳論所謂的『引進落空』的『引進』，從陰陽的立場看，這一『再向後拉』，就是『陰陽』作為之前的『陰』，使對手再落空一下，隨即『陽』出，這關係著發勁效果。」

他說的這個『再向後拉』是一個第二次用力，與『引

進落空』有何干涉呢？引進之意，乃是將對手引進來，使其力量落空，不會施著到我身上來，所以這個『再向後拉』與『引進落空』是無涉的，是一個不當的比喻。

他說：「這一『再向後拉』，就是『陰陽』作為之前的『陰』，使對手再落空一下，隨即『陽』出，這關係著發勁效果。」

此師最愛說陰陽，令人搞不清楚的是，為什麼這一個『再向後拉』，就是『陰陽』作為之前的『陰』？為什麼這一個『再向後拉』，會使對手再落空一下呢？再空一下就能隨即『陽』出了嘛？真是越看越起霧了，令人霧煞煞。

此師最後的結語是「願讀者多思考、多驗證。」然而，綜觀此論全文，似無驗證之實地價值，至於思考則是必要的，要去思辨這個論述的正誤，不宜被不確切的言說而影響到自己正常的思路。

有讀者曾經在網路提問：「蓄勁如張弓，發勁如放箭，哪裡是弓？哪裡是箭？怎樣觀察及怎樣做？才能體會得到？並做到張弓、放箭的感覺？」

太極拳之發勁，是蓄而後發，蓄勁要如拉滿弓般的圓滿凝聚，要有收束聚集之勢力，要有一發而不可收拾之氣勢，如此，發勁才能如放箭般的疾速且有力而飽滿。

蓄，是儲藏聚集的意思，是指氣與勁而言，因為氣與勁是內裡的質量，是無相的，所以肉眼是看不到的，若問哪裡是弓？哪裡是箭？只能憑靈敏的神經去聽、去感受，無法言傳。

　　要做到「蓄勁如張弓，發勁如放箭」，只能從練習內勁著手，先把內勁練出來，才能蓄勁，才能發勁，如果沒有實際裡地的功夫，只聽人言說，都只是知識而已，功夫是練出來的，不是聽聞出來的。只能從老實練拳中，實際去體驗、去累積自己的功體，功體有成就後，透過推手練習，透過老師的餵勁，才能逐漸領略並做到張弓、放箭的感覺，如果本身沒有練出內勁，沒有那個能量，是無法去體驗蓄勁及發勁的真實內函的，猶如沒有吃過芒果，永遠無法知道芒果的滋味一樣。

　　發勁如放箭，是瞬息之間的事，似無須再與陰陽之說，相混而談。

第六十三章

慢是為了快

太極的慢，是為了快，

只有現在的慢，才有將來的快，

只有練時的慢，才有用時的快，

太極的運氣、運勁都是在慢中而行、而求取的。

慢才能使氣血穩定、緩和、通暢、流轉，而氣遍周身，達到健康的效益。

慢才能令氣沉著、沉澱，而累積、匯聚、斂入，成就內勁。

內勁的發放如同氣爆似的疾速，所以這個疾速的「快」，是從「慢」中而得。

「邁步如貓行，運勁如抽絲」、「極柔軟，然後極堅剛」，是慢的闡述。

太極的慢，不是時間的拖延，不是動作故意的遲緩。

太極的慢，是為了運勁，為將來實戰的快所做的準備。

慢是快的因，快是慢的果；有慢的運功為因，才有斂聚內勁及百煉成鋼無堅不摧的果。

慢是指練法，快是指用法。

太極的慢與快的因果關係，也是序而不亂的。

第六十四章

屁股會打樁

　　用「屁股」一詞作標題，乍看似乎有些粗俗，但是為了突顯打樁之神奇妙用，而不選擇用文雅的「臀部」作題，請讀者勿嫌我的粗魯。

　　「打樁」一詞，可說是我的發明，是我的創見論說，因為很少看到有人寫「打樁」的論述文章，也很少聽到有老師做這樣的解說。

　　「站樁」或「樁功」、「樁法」是常見的用詞，也常被論述，唯獨「打樁」少人提及。

　　發勁是需要打樁的，沒有打樁的發勁，是拙力的推打，是屬於另類系統的打法，是偏向雙手局部力量的單使，非屬「整勁」範疇，不是太極拳經所講的「完整一氣」。所以，只有俱備「樁功」基礎，而且能運用「打樁」技巧的人，才是會發勁之人。

　　有些人，是有發勁真功夫的，但他們沒有深入的去探討樁功與打樁發勁的連帶關係；有的人有功夫，但是不會講，因此就很可惜的，打樁的理論，就被忽視與忽略了。而且「發勁」往往被人誤解成兩手用力推去，使人倒退或傾跌，說這就是「發勁」。「把人推出去」已然成為發勁的代名詞。這對功夫學習與體會的進程，是有若干程度的

影響的。

我走過的路，把路徑明白的告訴大家，把打樁的方法要領講明了，你就有方向可循，有目標可立，不會多走冤枉的路。我把「打樁」的訣竅說出來，你就會利用打樁來發勁，起到事半功倍的效果。你也會因此而知道樁功的重要，而自己認真的去練習站樁，不再鄙棄站樁。

言歸正傳。臀部，位於兩大腿上方與腰相連接的部分，俗稱屁股。屁股會打樁是我的實踐心得，我有時候清晨剛睡醒，在賴床之際，就會打打「懶人拳」，也就是躺在床上打拳，打什麼拳？就打形意五行母拳。因為練八卦要用腳走圈，在床上是無法使的；練太極有方位、方向與步法的轉換，在床上也不好使。只有練形意最方便，站著可練，坐著可練，躺著也可練。

我起床之前，都習慣打打形意，做為舒活筋骨的前方便熱身運動，起床梳洗後再做正規的練拳。

我躺在床上練形意拳，偶爾興起，也會發發勁，試力一下。當我躺著試力發勁時，非常明顯的感覺，我的臀部及背脊，自然的去撞擊床面的力道是甚為堅實的，床面震動得很厲害，幾乎是成劇烈的搖晃狀態，我心裡明白，這是一個打樁狀態，是臀部及背脊瞬間打了一個集結的樁。

這聽起來好像玄奧，其實一點也不玄，站立的時候，雙腳會打樁，因為著力點是在地面上的腳根；躺著的時候，著力點是在床面上的臀部及背脊，跪著的時候，著力點是在膝蓋，所以膝蓋也可以打樁的，依此類推，任何有著力點的部位，都是可以打樁發勁的，是無庸置疑的。

　　打樁，事實上，嚴格而言，它的主力部隊，是丹田，這丹田之氣若是沒有飽滿圓實，是無法打樁的，也就是說，打樁是靠著丹田氣的運使，丹田氣的鼓盪、驅策、摺疊等等的施為，才能打樁發勁的。

　　著力點的腳根、屁股、腰脊等等，都只是被丹田氣所依託、依附的工具。沒有丹田氣，就沒有打樁這碼事；沒有丹田氣，就沒有發勁之可言說。

第六十五章

跳過膝

練太極拳，不少人罹患膝傷，是一件遺憾的事。唯有跳過膝蓋的承受力，乃可避免。

太極拳本來是健身的，但很多人卻因練法不當，造成膝傷，實在冤枉。

太極拳是牽動往來的運動，身體有前後、左右、上下等的挪移擺動，所以不管是高架或低架，都會使用到下肢腿腳膝等的支撐力量，若是方法不當，則膝傷難免。

解決之道，就是跳過膝。

在蹲低落胯之時，宜令胯的重心，儘量的直落於後腳跟，使胯與腳跟，直線相連，把膝蓋的承受力道忽略過去，這樣就可減輕膝蓋的壓力。這是指身體後坐的情況。

前弓步，膝蓋不能超過腳尖，小腿要保持垂直狀態，這樣，前膝就不會受到太多壓力，也有撐持的暗勁蘊藏在內，即可保持中定平衡，也能在發勁時，增加兩腳的「後蹬前撐」二爭力之互相撐持力道，使發勁得到更好的效果。

前弓步時，前腳的胯部須沉落垂直，這樣在往前用力推勁時，才會有撐持之力，才會在身體向前催推時，能有承受依靠，而不致重力全部落到膝蓋去，才能減輕膝蓋的壓力，避免受傷。

第六十六章

與八極冠軍切磋記實

2016年9月29日鐘君傳了一個簡訊給我：「老師好，明晚想去拜訪老師和各位師兄，不知是否方便？此外，我有位朋友想向老師請益，他天天練拳4-6小時，一直無法體悟出『勁』為何物，想請老師指點，他是今年高雄市港都盃八極拳武術冠軍，但我看他的動作無法展現出鬆柔，所以，他想和我一起去拜訪老師，不知可不可以？」

鐘君曾跟我學拳數月，後來因故就去科工館學八極拳，至今已過兩年多。我這人是比較惜情的，之前的學生想來拜訪，不好拒絕他，而且我現在的學員莊君，也向我提及鐘君要來場切磋，莊同學是有意願想和鐘君切磋的。

2016年9月30日，鐘君帶了他的冠軍朋友來到，我問他練八極多久了，他說已練了好幾年，我說，你比賽得冠軍，拳肯定打得很好，他蠻客氣謙虛的說，因為沒有人參加比賽，所以就是他得冠軍，不知事實如何？

我請他表演一下比賽的拳架，他客套的推辭了一下，後來演示了一套小八極，我已把它ＰＯ上「二師兄論拳」（註）網站及我個人的動態上，已有多人去瀏覽。

以下是拳友們的評語，提供給大家分享：

「八極拳，我不是很懂，但觀其演練，身體不時聳

起，是否有失勁道，還是本該如此打法。」

「拙見如下（雖然不才沒練出勁，但看得懂）。小八+大八，但一開始的起式就都壞了，第二式的頂心肘完全沒一氣呵成（震腳的目的是要蓄勁並同時傳到手肘），只要遇到形意拳的崩拳就夠他受的了。抱歉多嘴了。」

「套路練得太多，建議先把小八極的功、架都純熟再增加套路。是很認真在打，有些勁道是有表現出來。」

「脊椎的力量是有了，但手腳完全沒勁，練得不對的關係吧？我自己練八極的心得是，『掌心如握球，撐拉如試弓。』要有這樣的感覺才算是練對。他的大蟒纏身的轉身就不錯啊。」

「後學沒有入門有個疑問，這位雖然蹲低但重心很多好像壓在膝蓋上，而不是胯跟腳，這個想法對嗎？這樣會不會容易受傷？」

這位今年港都盃八極拳武術冠軍，打完小八極後，氣喘吁吁，喘了幾分鐘後，我問他，你有什麼問題要問嗎？他說，我練八極這麼一段時間，猶不知內勁為何物，內勁要怎麼打。

我就請他朝我身上打一拳，發勁看看，他一拳推打過來，我也不閃、不化，因為從他的拳架表演當中，他的底，我已了然、摸清。他的拳確是沒勁的，而且腳根不實，可以說是沒根的，沒有根盤的拳，當然沒什麼威力。

我說對他說，你的根盤沒有練好，下盤沒樁、沒根，他重複試了幾下，越用力推，根盤浮得越高，他終於點頭承認自己沒有練到根樁。一旁的鐘君說，他的八極老師有

教一個樁法，他擺了一個蹲低的架勢，我輕輕一撥，他就搖搖欲墜了，顯然也是沒有練到樁法的要點，練的只是腳酸的樁。

鐘君與莊同學切磋實戰，鐘君雙腳在那邊跳呀跳，表現了他雙腳的靈活，但有些輕浮，鐘君虛打一拳然後摟抱，盡了全力欲將莊同學摔倒，但沒摔成，莊同學反摔一下，沒盡全力，都是點到為止。

找人切磋，想盡力將人摔倒，這個舉措就不好，有想讓人難看的做法，雙方的切磋，應該是點到就好，才不會傷了和氣。

鐘君的冠軍朋友問了不少問題，都一一為他解答，結束了圓滿的切磋。以後不會再「惜情」的接受「切磋」，要來請益，要付鐘點費，因為這是智慧財產，有問題，在我的書中可以找到答案，如果不想花錢買書，要請益，以後是要收費的，我就是這樣直白的人。

世間任何事物太「課俗」就會被認為沒有價值，所以請益智慧財產必須收費，而且做人就是要直白，明講，收這錢是天公地道的，沒什麼好掩遮及不好意思的。

後記：這位冠軍朋友能每天練拳四至六小時，可說是甚為稀有，照理應該能練到好功夫，有可能他沒遇上好老師，或他悟力不好，沒學到正確的方向，我一直在尋覓這樣一天能花這麼多時間努力練拳的學生，可是一直遇不上，真是缺乏緣份。

（註：「二師兄拳論」網站，現已更改為「鳳山形意拳」）

第六十七章

太極戰略

四兩撥千斤，顯非力勝（以智取勝）。

靜如山岳，動若江河；靜如處子，動如脫兔（以靜制動）。

蓄勁如開弓，發勁如放箭（爆破之疾）。

一羽不能加，蠅蟲不能落。不偏不倚，忽隱忽現（神不知鬼不覺）。

耄耋禦眾，快何能焉？（真正的唯快，非外形動作之快）。

能呼吸，然後能靈活（運氣）。

運勁如抽絲；運勁如百煉鋼；極柔軟，然後極堅剛（運勁）。

彼不動，我不動；彼微動，我先動（聽勁）。

人不知我，我獨知人（懂勁）。

知己知彼，百戰不迨（化勁）。

第六十八章

踝的地位

　　腳踝是支撐全身重量的要角，盤架的蹲低，不只是落胯，更重要的是落踝。

　　落踝，才能氣沉湧泉，湧泉無根，氣則無主，將會落於「力學垂死終無補」的窘境。

　　腳踝在拳架中的地位，少人提及，而事實上，無論是練樁法或拳架，腳踝扮演了重要的角色。

　　在低架中，不是把膝蓋蹲低，這樣會造成膝傷，而是讓腳踝落沉，令氣匯歸於湧泉腳底。所以，氣要沉於湧泉，要靠著落踝才能做到，但是很少人提出這樣的論述。

　　腳踝的落沉比落胯難，因為這個方位，很少人會去注意它，平常人也很少去關注腳踝在肢體活動中扮演了什麼樣的角色。

　　形意的蹬步搶進，靠的就是踝部的彈力。

　　踝部的筋，因為少去活動及修煉的關係，已被綁滯，要讓它鬆開，必得花費一番工夫與苦心。

　　站樁不是練腳酸，不是練腳力，而是令氣落於腳踝，終而匯聚於湧泉腳根。

　　太極拳經說「其根在腳」，只有腳踝的鬆開落沉，才有「其根在腳」。

　　這是我練拳的體會，也成為我的見解與論述。

第六十九章

神妙的摺疊

太極拳行功心解說:「往復須有摺疊。」雖只短短的六個字,但是卻暗藏著許多玄機,許多大師級的人物,都不明白「摺疊」為何物,也不知道為什麼「往復須有摺疊」,摺疊的體與用,如何練,摺疊在體用當中,能發生何種神妙效用,都是「莫宰樣」,無怪學習太極拳者雖多如牛毛,成就者卻如鳳毛麟角。

某師在他的太極拳釋義一書中,解釋「摺疊」如是謂:「摺疊乃是手臂相沾,互相翻覆,虛實因以轉變。俗云『翻雲覆雨』,就是摺疊的變相。」

摺疊不是手臂相沾,互相翻覆,因為手臂相沾,互相翻覆,並不能使虛實因之得以轉變。而且翻雲覆雨也不是摺疊的變相,它的原意是用來比喻為人處事玩弄手段的高明及極其翻天覆地的做事行為,或用來形容男女之間的床第之事。所以用翻雲覆雨來解釋為「摺疊的變相」,與摺疊原意似有很大的出入。

摺疊,就像海浪,前浪去了折回,後浪緊追而至,二浪互相碰觸、擠壓,產生更大的驚濤駭浪。在人體上,每一個關節,都是一個浪,在練拳架的往復之中,各個肢體與關節因為被「其根在腳」的腳所牽動的關係,它的行進

路程就有了先後的必然程序。也就是說下盤會先行動，由腳而腿而腰，最後形於手，就像揮舞彩帶，由下往上循環而舞動。所以，在上下或左右或立體圓弧等等的往復來回牽動當中，就會有由各個關節引領所有身軀支架而牽動運行的互相擠壓及碰觸，使得體內的氣血更加澎湃，產生正面的壓力，這一波一波的壓力，在每個關節處產生摺疊擠壓效用，因前浪的折回阻擋，會使後浪形成阻力作用。也就是說，在每個關節處會產生阻力加壓效果，在摺疊處，會形成一股極強大的反坐力、反射力，而助於筋脈的拉扯，使得筋脈被拉開、拉長，達到鬆開的作用，這個阻力就是摺疊處的動力、動源，它蘊藏著不為人知的掤勁及暗勁的修煉。

筋脈的彈簧性養成，就是掤勁的養成，此時所有的彈簧勁、螺旋勁、摺疊勁、翻浪勁一併成就，不可思議。事實上，這些彈簧勁、螺旋勁、摺疊勁、翻浪勁都是同一個東西，都是法同一味的，只是名稱、說法不同而已。

由於掤勁的沉斂以及渾厚，而成就了彈簧摺疊勁，使得在發勁時，能在瞬間快速的爆發勁源，去而復返，快速歸位，而達到真正的唯快不破的爆發能量。

所以，摺疊不是大師所說的相連、相貼、相疊；摺疊不是兩臂相沾，互相翻覆，不是翻雲覆雨，大師說錯了。

我這樣來舉發大師，似乎有些不敬，其實不然，因為錯誤的論說，會誤導學者走錯方向，是有過失的，我來導正，不做鄉愿，還是得有些勇氣的，如果大家都做爛好人，那麼錯誤的思論將會植入人心，根深柢固，無法再拔

救，這樣就會阻礙太極拳的發展，阻礙武術文化藝術的推展。許多大師，許多名師，實際上是沒有實證功夫的，他們所發表的論述，不少是與拳經拳論相悖的，但是大家都做爛好人，深怕得罪名師、大師或他們底下的崇拜者。或者自己也半知不解，無法辨識真偽，只好緘默。

我所做的舉發謬說錯論，都是論事不論人的，都隱去錯謬者的名銜，請這些阿師及崇師者，勿心生煩惱。佛陀住世時，跟隨外道邪師腳步，到處去摧邪顯正，為的就是一份救度眾生的悲憫心。我是沒有那麼偉大，只是想為武術盡一份微薄的心力而已。

言歸正傳，摺疊的體與用，如何練，摺疊在體用當中，能發生何種神妙效用？下面就一一來解說。

摺疊功體的修煉，就是要如上舉的海浪理論，也就是「其根在腳，由腳而腿而腰，形於手。」的理論。在練拳架或基本功，都要依循這個理論而行、而練，也就是說由下盤去牽動中盤，去牽動上盤，層層往上推動，使我們的肢體有一個前動與後動的先後順序，如彩帶般的蠕動，使這個蠕動在往復當中，在去者與折回者之間，形成一個浪型的摺疊狀態，由這個摺疊所產生的擠壓作用，使我們體內的氣血的流動加強、激化，而產生「騰然」作用，這個藉牽動往來所產生的「氣騰然」作用，能令氣貼於背，能使氣斂入脊骨，成就不為人知的內勁能量。

摺疊的用法，在推手或格鬥實戰中，透過摺疊能使勁道更強化，能使速度更疾快。為什麼說透過摺疊能使勁道更強化？能使速度更疾快呢？因為摺疊就是一種肢體上各

個關節支架互相引領牽動運行折衝、擠壓所引生的的一種反作用力，這個折衝、擠壓所引生的的反作用力，是遠遠勝過一般單一面向的出拳方式的。

而且這種折衝、擠壓所引生的的一種反作用力，若透過推手聽勁的訓練，所升進的靈敏度，更能發揮無比疾快的反射力，使得出拳的速度能似放箭般的迅速，這種快，才是真正的唯快，才是真正的唯快不破，而且因為摺疊引生的折衝、折回，能在出拳後快速歸位，做為第二波的攻擊或防守而預作準備，使得在格鬥技擊當中，能夠穩操勝券。

摺疊好像一個彈簧圈，你壓它，自然會有一股反彈力產生，你一放手，彈簧圈就會反彈上來。我們發勁中的打樁，就是這個原理，你樁往地下一打，它也會產生反彈力，也可以說是一種摺疊勁的反射回打，這個因摺疊所引生的反彈勁道，是無比的強大與快速的，一般人不知這個原理，所以出拳都是慢而無力的，是很容易對付的。硬拳系統，比較不注重樁法，也沒有打樁的訓練，所以出拳都是手的局部之力，是比較蠻拙而躓頇的。從拳架的演練當中，可以預知對手的能耐，他有沒有樁，他的步法穩不穩，從這個地方就可探知他的實力，知彼知己。

若逢有人來找你切磋武技，你可先請他表演一趟拳架，給他讚嘆一番，事實上是藉此而探他的底，摸清他有多少斤兩，有沒有「三兩三」，先摸清他的底路。拳術的切磋，是得靠一些智慧，不是硬搞蠻幹。

摺疊不只限於直線型的打樁，它還有多種類型。譬

如，有一種剪刀，就像剪檳榔或剪盆栽花枝的那種，在握把與刀鋒之間，約在上頭三分之一的地方，會安置一個小彈簧，它的形狀，中間有一圈是圓的，然後彎延兩邊直線，尾端有90度角的彎度鉤住刀柄內側，這樣在剪刀剪斷枝條時，兩邊的鉤鉤，因為中間圓型彈簧的回壓，會將刀片再度撐開，以利連續不斷的施剪。

這也算是一種摺疊，在拳勢的運用，手小臂往內互砍，或往外雙撥，就會有這類型的摺疊，比如，太極十字手的運用，以及形意馬形的雙撥等等。

這種向內及向外互相牽動所引生的摺疊，也是要打樁的，而且這中間手的摺疊，還是由腰胯腿等的快速摺疊螺旋而上，才會有手的摺疊效果，所以說，所有的發勁都是要打樁的，不管是直拳或橫拳或上擊等等，打樁的原理都是一樣的，沒有打樁的推按或出拳，都不是真正的發勁，都是局部彎拙的牛力硬使。

鐘擺也是一種摺疊，一種慢速的摺疊，它內部兩邊的彈簧圈是互相引領牽連而動的。打太極拳或形意暗勁，都是要極慢的，在極慢當中，依然有摺疊，透過暗樁、運樁、碾樁以及磨蹭勁等運勁技巧，使這個慢中的摺疊，如抽絲般的醞釀、運使內勁暗藏的勁源，透過由摺疊所引生的阻力、互爭力，使得勁源慢慢的被強化、激化，達到運勁如百煉鋼，何堅不摧的神妙境界。

沖天炮的起飛，也是一種摺疊效用，是一種氣的摺疊，點燃火引，燃燒，醞釀氣機，碰觸爆破燃料，炮的尾端，氣一直催促，然後唰一聲，炮身疾駛而出，這是氣的

摺疊作用。這唰的一聲，是氣體的放射，遇到空氣產生阻力而引生反作用力，這就是氣所產生的摺疊。同理，丹田氣也是這個作用，這丹田氣一盪，腳樁同時同步的打下，腳雖也使了部分的力，但這個勁道大抵來至丹田氣，及兩者所配合的打樁所引生的摺疊反彈勁。

丹田氣就是有這個作用，很神妙的，很不可思議的。事實上，所有的發勁、打樁、運樁、運勁等等，都是依靠丹田氣的運使，才能產生作用的。

高空彈跳，當身體墜落，到底，因為那條吊帶是有彈性的，落底時，吊帶產生摺疊反彈，使身體減緩墜落的壓力，舒緩體內氣血瞬間的直沖。

從這個理，我們可以連想到射箭的情況，射箭時先拉弓，放箭時，弓弦向前彈出，到盡頭時，它也是剎那快速的連續反彈的，只是我們的肉眼看不大清楚而已，這個快速的連續反彈，就是摺疊所生的作用。

我們爬樓梯下樓，或爬山下山，腳，尤其是膝蓋是不能去阻擋身體下落的壓力的，否則膝蓋容易受傷，內行的登山者，會用摺疊原理，保護膝蓋。在腳落地時，順勢蕩一下，再折回來，這樣就可以減輕身體落地時的壓力，使膝部有舒緩的餘地。我們練拳或運動是要使身體健康的，很多練拳的拳友及登山的山友，不明諳這些道理，而致傷痕累累，不可不慎。

我們的腰柱是一個中心軸，練拳架、基本功或推手、格鬥，要善用這個軸。因為這個軸，可以借勢產生迴旋力，產生強大的離心力；也可善用這個腰軸產生拋物線的

強大力道。而這腰軸的依靠，就像鋼管舞的鋼柱，要直落於腳根的，與腳根連成一線而落樁，才能使人在藉柱旋轉時，不會被拋物線的離心力所拋離。

腰柱可以左右來回旋轉，因腳樁的二爭力，產生摺疊，以及丹田氣的鼓盪與腳樁的立地，而有蒼龍抖甲的抖勁產生，這個抖勁事實上就是摺疊所引生的連續抖盪，都是摺疊所產生的效用。

甩毛巾、甩鞭是一種摺疊，丟十字迴旋弓也是一種力向的摺疊，本門所有的內勁單練法，都是強調摺疊的練法，練了就可以用的。

事實上，所有的內家拳都是涵蓋著摺疊的，只要有往復，有來回，有牽動，就會有摺疊的現象產生，只是大家都沒有深入去探討，沒有練到入裏而已。硬拳系統的出力，大部分是直向的，是單向的，沒有連結的往復來回，也比較不會用腳樁去運樁，去牽動身體，所以不知摺疊為何物。內家拳比較會用頭腦，會用簡單而省力的方法，去走捷徑的路。

摺疊的神奇妙用是說之不盡的，所以到此就要打住，做一個結束，以詩作結。

詩曰：

　　摺疊意理師也迷，打樁神技乏人知；
　　若問發勁為何物？丹田氣爆震山河！
　　奮力一推笑煞人，祖師三丰頻搖頭。
　　經論暗藏玄妙義，我今為汝解懸疑。

第七十章

頑鬆與緊緻

　　頑鬆就是空心蘿蔔，內裡空無一物，外形懈怠散漫，好像骨頭沒接好。

　　緊緻是筋有拉拔，骨有相催，氣有驅策，有彈簧的活潑機動與縮放自如；緊緻不是鎖緊，不是固執一方。

　　世俗的太極拳，九成都是頑鬆，都是太極操，而自卻以為鬆，練到驢年，功夫還是沒有上身，而怨太極拳不能用。

　　或有一類，練拳頑鬆，內勁無成，推手走化，滿身懈漫，歪七扭八。推人靠著體壯及蠻力將人硬推而出，自詡了得，但終究沒能成就太極功夫。

　　緊緻彷如鬆緊帶，有緊有鬆。該緊有緊，應鬆才鬆，是為真鬆。

　　緊緻，有二爭力，有陸地行舟的阻力，有摺疊，有螺旋。

　　丹田氣的凝聚打樁，引生的摺疊反彈，是緊緻的效果，是真正發勁的體現。

　　軟趴的頑鬆，不能產生反彈摺疊勁道；唯有含帶掤勁的緊緻，始能盡其功。

第七十一章

火車頭

拳經云：其根在腳

此根就是火車頭

帶動盛裝踝膝髖腰胸頸肩肘腕等九大車箱

車頭不動　　車箱停擺

車箱自動　　是為亂動

車頭牽動　　九大車箱

阻力生出

內勁潛沉

功夫漸成

第七十二章

肚子會打人

　　練武的人或練氣功的人，如果能練至丹田的氣圓實飽滿，氣囊堅固渾厚，它是可以抗打擊的，可以不怕人家的拳頭打的。

　　我的師爺王樹金先生，就有這層實際功夫。王師爺早年受邀於日本的武道聯盟在東京舉行的一項「空手道演武大會」表演內家功夫，接受現場觀眾及各派高手的打擊肚子，王師面不改色，毫髮無傷，上台打擊者反被震出跌倒。散會後，王師被粉絲們簇擁包圍，羅列而跪，懇求收列門墙，由是王師駐留日本，設帳授徒，日籍門生逾萬，這些歷史都是有新聞及影片為證的。

　　丹田有如一個氣囊，聚集的氣，越飽滿圓實，這個氣囊就越渾厚堅固，而且富有彈性及韌性，有如一層防護罩保護著，自然是可以抗打擊的，這是無庸置疑的，就如一只充滿氣的皮球，你越用力打它，被彈出的力道就越大，是同樣的道理。

　　肚子不僅可以抗打擊，肚子也可以打人，聽勁功夫好的人，可以藉由靈敏的聽勁反應，在接勁後，予以反擊，將人震出丈外，這些都是可能的事。

　　另外一種打法，是藉由丹田的氣爆，配合腳根的打

椿，以手貼身去做攻擊的動作。這種打法，是說手臂只是貼近敵身，並無出拳的動作，只是丹田氣一盪、一鼓，腳根同時同步的打下暗椿，這個氣爆能同時傳遞到手臂，或其他的攻擊點，而灌入到敵手的被打點。

所以，高階的打法，是用丹田的氣爆去打人，不是用手的局部力出拳去打人，是用打椿的氣爆反作用力、反彈勁、摺疊勁去做發勁動作的。

藉著丹田的鼓盪、氣爆，所引動的反坐力，這個反坐力，不論施於自身的任何一處，譬如肩、肘、臀、胯等等，都可以去做攻擊的，不是侷限於手而已，而達於渾身是手、渾身是椿、渾身是勁的高階境地。

丹田氣爆的速度是疾快的，是意到而氣至的，只要意念一閃，勁已併出，是一種真正的唯快。

丹田氣爆的的威力，是手腳局部之力所不能比擬的，因為它是完整一氣的整勁。

打人不必用手，打人不必出手，肚子能打人，因為發勁只是一種氣爆原理，有練出丹田氣，有椿功基礎，學會打椿的人，可以相信「肚子會打人」之語，真實不虛，乃是誠實語。

打人不必用手，打人不必出手，這讓我想起了一個典故，形意拳大師尚雲祥先生曾懇求李存義先生指點拳術，尚雲祥比練了幾趟功力拳，李存義就笑了，說：「你練的是挨打的拳。」兩人一比試，李存義沒有用手，一個跨步就把尚雲祥跨倒了。

尚雲祥起初練的功力拳，還沒什麼基礎，下盤不穩，

沒有根，所以李存義說他練的是挨打的拳，一個跨步就把
尚雲祥跨倒了，這個跨步，沒有用手打，只是身體去碰撞
了尚雲祥，就把尚雲祥撞倒了。

　　這個跨步是涵概著多重的功體的，第一個，就是形意
的蹬步，步一蹬，身子就隨著撞出去，被跨上了，就是被
撞上了，被撞著了，不是飛奔出去，就是撞倒下去，這是
形意拳的撞勁特色，而撞勁來至於蹬步，蹬步來至於椿功
以及打椿神技。

　　第二個，蹬步所引生的撞勁，其勁源乃來至於丹田氣
的氣爆，若無丹田氣的氣爆，這個蹬步打椿也是起不了作
用的。所以丹田氣是發勁的勁源，是發勁的主宰，所以拳
經才會說「主宰於腰」，腰，指的就是丹田。

　　所以，打人不是靠手，而是靠腰，靠丹田氣的引爆，
所以說丹田會打人，所以我才說：「肚子會打人。」

國家圖書館出版品預行編目資料

拳理說與識者聽／蘇峰珍 著
－初版－臺北市，大展，2017〔民106.07〕
面；21公分－（武學釋典；27）
ISBN 978-986-346-168-5（平裝）
1. 拳術　2. 中國
528.972　　　　　　　　　　　　　　106007314

拳理說與識者聽

著　　者／蘇　峰　珍
責任編輯／孟　　甫
發 行 人／蔡　森　明
出 版 者／大展出版社有限公司
社　　址／台北市北投區（石牌）致遠一路2段12巷1號
電　　話／(02) 28236031・28236033・28233123
傳　　真／(02) 28272069
郵政劃撥／01669551
網　　址／www.dah-jaan.com.tw
E-mail／service@dah-jaan.com.tw
登 記 證／局版臺業字第2171號
承 印 者／傳興印刷有限公司
裝　　訂／眾友企業公司
排 版 者／千兵企業有限公司
初版1刷／2017年（民106）7月

定　價／300元

大展好書　好書大展
品嘗好書　冠群可期

大展好書　好書大展

品嘗好書　冠群可期